KB093369

취미에서 직업으로
캘리
그라퍼
되는법

캘리그라퍼 되는 법

ⓒ 허수연 2020

초판 1쇄	2020년 6월 1일
초판 2쇄	2021년 6월 11일

지은이	허수연

출판책임	박성규	펴낸이	이정원
편집주간	선우미정	펴낸곳	도서출판 들녘
편집진행	이수연	등록일자	1987년 12월 12일
디자인진행	김정호	등록번호	10-156
편집	이동하·김혜민		
디자인	한채린	주소	경기도 파주시 회동길 198
마케팅	전병우	전화	031-955-7374 (대표)
경영지원	김은주·나수정		031-955-7381 (편집)
제작관리	구법모	팩스	031-955-7393
물류관리	엄철용	이메일	dulnyouk@dulnyouk.co.kr
		홈페이지	www.dulnyouk.co.kr

ISBN	979-11-5925-554-0 (14370)	CIP	2020019857
	978-89-7527-648-4 (세트)		

이 도서의 국립중앙도서관 출판예정도서목록(CIP)은 서지정보유통지원시스템 홈페이지
(http://seoji.nl.go.kr)와 국가자료공동목록시스템(http://www.nl.go.kr/kolisnet)에서 이용하실 수 있습니다.

값은 뒤표지에 있습니다. 잘못된 책은 구입하신 곳에서 바꿔드립니다.

취미에서 직업으로

캘리
그라퍼
되는법

허수연 지음

"아~ 캘리그라피!"

캘리그라피 작가라고 말하면 캘리그라피가 뭐냐고 묻던 시기가 지나고, 이제는 많은 사람들이 캘리그라피에 대해 어느 정도 알고 있는 듯합니다. 하지만 저마다 가지고 있는 캘리그라피의 이미지나 해석은 다 다를 것입니다.

저는 이 책을 쓰면서 캘리그라피에 대해 다시금 생각해보게 되었습니다. 캘리그라피를 처음 접한 순간부터 캘리그라피를 전하고 있는 지금까지, 많은 변화를 겪어온 나의 발자취를 거슬러 올라가면서 일과 작업에 대한 생각을 다시금 정리해볼 수 있었거든요.

글씨는 누구나 쓸 수 있지만, 글씨에 생각과 감정을 넣는 것은 결코 쉬운 일이 아닙니다. 자신이 디자인한 글씨를 누군가에게 설명하고, 그 의미를 제대로 전달하는 것은 더더욱 그렇지요. 하지만 그렇기 때문에 나의 글씨를 진정 나만의 것으로 메이크업하여 나만이 할 수 있는 이야기를 담아낸다면 정말 특별한 일이 될 것입니다.

이 책을 통해 "내가 이렇게 해봤는데, 이게 참 좋더라" 혹은 "이렇게 해야 한다" "이게 맞더라"라고 말하고자 하는 것은 아닙니다. 그저 캘리그라피가 어떻게 내 삶을 바꿔주고 충만하게 하였는지, 캘리그라피가 얼마나 멋진 장르인지 소개하고 싶었습니다. 캘리그라퍼로서 저의 과거와 현재, 미래의 모습까지 아울러 담아내고자 한 이 책을 통해 많은 분들이 캘리그라피에 대한 생각을 정리하실 수 있었으면 좋겠습니다. 더불어 이 책이 캘리그라퍼로서의 삶을 열어가고자 하시는 분들에게 의미있는 첫 페이지가 되어주기를 바랍니다.

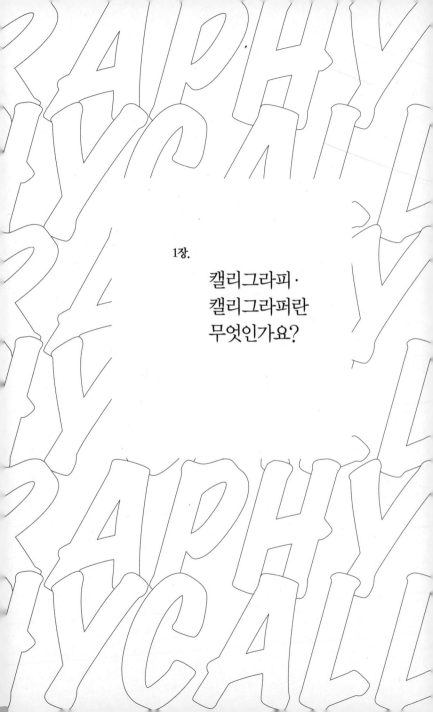

1장.

캘리그라피 · 캘리그라퍼란 무엇인가요?

앞서도 언급하였지만, 몇 년 전까지만 해도 '캘리그라퍼'라는 제 직업을 소개하는 것은 매우 어려운 일이었습니다. 캘리그라피를 접해본 적 없는 분들이 많았기 때문에 캘리그라피가 무엇인지부터 설명해드려야 했거든요. 그런데 캘리그라피가 보편화되며, 캘리그라피를 '한 번쯤 들어보았거나' '한 번쯤 본 적 있는' 분들이 많아졌습니다.

"아, 캘리그라피 작가님이시구나! 저 캘리그라피 본 적 있어요."

"우와 정말요? 캘리그라피가 어떤 건지 아세요?"

하지만 캘리그라피를 알고 있다고 하시는 분들 중에 캘리그라피가 어떤 것인지 설명까지 하실 수 있는 분들은 드물었어요. 그래서 이 장에서는 캘리그라피란 무엇이며, 캘리그라퍼는 어떤 일을 하는 사람인지 정의해보고자 합니다.

···· 마음을 담은 손글씨, 캘리그라피

보통 캘리그라피를 들어 '멋진 글씨' 또는 '예쁜 글씨'라고 설명합니다. 포털 사이트에 검색해보아도 '손으로 쓴 개성 있는 문자체' '아름다운 손글씨'라는 의미를 찾아볼 수 있어요. 캘리그라피의 어원이 된 그리스어 calli가 '아름답다'는 뜻을 가지고 있음을 생각할 때, 결코 틀린 설명은 아닐 것입니다. 하지만 캘리그라피를 단순히 그렇게만 정의하기에는 아쉬움이 많아요. 저는 그간 수많은 강의를 통해 캘리그라피에 대해 설명해왔습니다. 그런 저의 입장에서 캘리그라피를 아주 간단히 정의한다면, '자신의 감정을 담은 손글씨'라고 할 수 있을 것 같습니다.

"글씨에 감정을 담는다니, 이게 무슨 말이지?" 의아해하시는 분들이 많을 것 같아요. 하지만 '감정'은 캘리그라피의 아주 중요한 요소입니다. 캘리그라퍼는 단순히 예쁜 선과 안정된 구조로 작품을 완성하는 것뿐 아니라, 자신의 철학과 생각, 그렇게 쓰고 표현한 이유를 설명할 수 있어야 합니다. 표현하고자 하는 감정에 따라 어울리는 구조·선·자음과 모음의 모양 등이 있기 마련인데, 이런 것들이 모두 적절히 구성되었을 때, 쓴 사람의 마음과 생각을 잘 담은 캘리그라피를 보여줄 수 있다고 생각합니다.

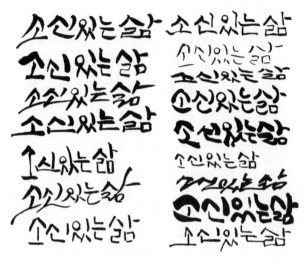

▷ 캘리그라피 예시.

　대부분의 사람들은 상상하는 것을 힘들어하고, 그 상상을 글씨로 표현하는 것은 더더욱 어렵게 생각합니다. 하지만, 꾸준히 연습하다 보면 표현 기법을 익히게 되는 것은 물론 글씨에 담아내고 싶은 자신만의 철학까지 얻을 수 있습니다.

··· 캘리그라피의 장점

캘리그라피를 처음 만났던 순간은 말 그대로 '희열'이었습니다. 만남과 동시에 캘리그라피는 제 삶에서 가장 큰 부분을 차지하게 되었지요. 작품과 강의 등을 통해 열심히 전하고 있지만, 캘리그라피의 장점은 아무리 전해도 모자라요. 여기서 잠깐 제가 경험하고 느낀 캘리그라피의 장점을 소개하고 싶습니다.

하나, 캘리그라피는 접근이 용이하다.

글씨를 쓸 줄 안다면 누구나 시작할 수 있는 캘리그라피는 분명 접근성 좋은 장르입니다. 특히 전혀 새로운 글씨체를 탄생시키는 것이 아니라 내가 본래 쓰고 있던 글씨체를 메이크업해서 나의 감정과 생각을 담으면 된다는 점에서 더 손쉽게 시작할 수 있지요.

둘, 캘리그라피는 감정과 감동을 담는다.

실제로 제 강의를 들은 분들 중 상당수가 잃어버렸던 감성을 되찾았다고 말씀해주셨어요. 심지어 우울증이 치유되었다는 분도 계셨지요. 캘리그라피는 자신이 쓰고 싶은 문구를 찾으면서 그 문구에 공감하고, 쓰면서 감동하고, 쓴 캘리그라피가 마음에 들어서 또 한 번 감동하는, 정말 말 그대로 감동 그 자체인 장르예요.

특히 저는 캘리그라피를 시작하시는 분들께 주변에 선물할 것을 적극 권장하는데, 선물 받은 사람이 기뻐하는 모습에서 재차 감동받고, 계속하겠다는 의지를 불태우는 선순환을 이루게 되기 때문입니다. 나와 내 주변까지 치유하는 멋진 장르라 할 수 있습니다.

셋, 캘리그라피는 간편하다.

캘리그라피는 도구의 제한이 없는 장르입니다. 서예 붓과 먹물, 붓펜, 캘리그라피펜, 사인펜, 색연필 등 다양한 도구로 할 수 있어요. 심지어 저는 필기도구가 없을 때 냅킨에 아이라이너로 글씨를 써본 적도 있는데, 의외로 다들 빛나는 아이디어라며 칭찬해주시더라고요. 이처럼 자신이 표현하고자 하는 문구나 글씨 타입에 따라 자유롭게 도구를 선택할 수 있다는 점도 캘리그라피의 장점입니다.

넷, 실생활에서 유용하게 활용할 수 있다.

캘리그라피를 배워두면 삶의 큰 활력소가 됩니다. 어색한 첫 만남의 자리에서 글씨로 인사를 한다거나, 특별한 날 직접 이야기하기 부끄러운 말들도 캘리그라피로 멋지게 전할 수 있지요. 감동은 감동대로 주면서요. 이외에도 멋진 SNS 프로필 이미지를 만들고 생일 축하 카드 하나도 특별하게 꾸미는 센스쟁이가 될 수 있습니다.

다섯, 캘리그라피는 사업 아이템이 될 수 있다.

실제로 캘리그라피는 방송과 미디어, 기타 사업 영역에서 각종 타이틀, 회사 이름, 상표 이름, 슬로건 등을 구현하는 데 요긴하게 활용되고 있습니다. 캘리그라피를 통해 수익 모델을 만들 수 있다는 것이지요. 캘리그라피 강의도 그중 하나입니다. 문화 센터, 시, 도에서 운영하는 교육 프로그램과 기업 강의, 자체 교육 등 다양한 강의 커리큘럼을 개발할 수 있어요.

···· 캘리그라피 작가라는 직업에 대하여

우리에게 '소설을 짓는 작가' '그림을 그리는 작가'는 익숙하지만 '캘리그라피 작가'는 왠지 낯설게만 느껴집니다. 그래서 저 역시 캘리그라피 작가를 정의한다면 어떤 표현이 가장 좋을까, 많이 고민했습니다.

여러분은 캘리그라피 작가를 뭐라고 정의하시겠어요? '글씨를 잘 쓰는 사람' '글씨 쓰는 게 직업인 사람' '캘리그라피 디자인을 하는 사람' 등등 여러 가지로 설명할 수 있겠지만, 저는 '글씨 디자이너' '글씨로 생각을 전달하는 작가'라고 표현하고 싶습니다. 앞서 간단하게 말했지만, 캘리그라퍼는 단순히 예쁜 글씨를 쓰는 일을 넘어, 글씨에 이야기를 담아내는 직업입니다. 글씨를 디자인하고, 왜 이렇게 썼는지 자기 철학을 설명할 수 있는 사람이야말로 진정한 캘리그라피 작가라고 할 수 있습니다.

자신만의 글씨체가 있으면 더욱 좋겠지요. 사실 캘리그라피 글씨체를 배우고 따라 쓰는 것은 시간과 노력을 투자하면 누구나 할 수 있는 일입니다. 하지만 자신만의 철학이나 생각이 디자인으로 자리 잡은 글씨체를 갖는 것은 그 이상의 노력이 필요합니다. 캘리그라피 작가를 꿈꾸고 있다면 반드시 글씨에 생각을 담는 연습, 나만의 글씨체를 만드는 작업을 해보시면 좋겠습니다.

하는 일로써 접근해보면, 캘리그라피 작가는 글씨를 디자인하고 디자인한 글씨가 다양한 용도로 쓰이게 하는 직업이기도 합니다. 기업의 이미지를 통합하는 CI, 브랜드 이미지를 통합하는 BI, 포스터, 슬로건 등에 쓰일 글씨를 의뢰받아, 의뢰자의 기준에 자신의 개성을 녹여내어 캘리그라피를 만드는 것이죠. 기업 차원의 용도 외에도 청첩장, 돌잔치 초대장 같이 개인적 용도의 의뢰가 있을 수 있으며, 자신의 캘리그라피를 활용한 상품을 제작하여 판매할 수도 있습니다.

이외에도 작품을 전시하여 대중과 소통할 수도 있고요. 작가로서의 활동 외에도, 캘리그라피를 배우고 싶은 사람들을 위해 강의 활동을 할 수도 있습니다. 캘리그라피 강의의 영역도 대상과 과정에 따라 세분할 수 있으니 그야말로 무궁무진한 활동을 할 수 있는 것이지요.

···· 캘리그라퍼는 뿌리가 없는 직업이라고요?

"캘리그라피가 예술이에요? 미술도 아니고, 서예도 아니잖아요." 캘리그라피가 새로운 접근이어서 그런지 전통이 없다는 둥, 뿌리가 없다는 둥 말씀하시는 분들이 계십니다. 저 역시 미대를 졸업하지 않았다는 이유로 할 수 없었던 일들이 있습니다. 캘리그라피를 누구나 할 수 있는 놀이나 공예처럼 생각하시며, 글씨 한 번 써주는 데 왜 그렇게 비싸냐고 말씀하시는 분들도 있었습니다.

우리나라는 문맹률이 낮아 누구나 글씨를 쓸 수 있고, 학창 시절 서예나 미술을 배우며 다들 한 번쯤 붓을 잡아본 경험이 있어서인지, 캘리그라피를 누구나 할 수 있는 쉽고 가벼운 장르, 그냥 예쁜 글씨쯤으로 치부하시는 경우가 많은데, 그럴 때마다 답답하고 불편한 마음입니다. 반복하여 말씀드리고 있습니다만, 캘리그라피는 글씨의 선과 획, 구조, 전체적인 느낌 등을 활용하여 자신의 철학을 보여주는 장르입니다. 캘리그라퍼가 분명 생긴 지 얼마 되지 않은 신생 직업인 것은 맞습니다. 하지만 글씨 디자인이 여러 영역에서 꾸준히 사용되고 있다는 점에서, 캘리그라퍼 역시 우리 시대에 각광받는 매력적인 직업이라고 자부할 수 있습니다. 실제로 많은 이들이 캘리그라퍼라는 직업에 관심을 보이고 계시기도 하고요.

그렇다면 캘리그라퍼의 어떤 점이 많은 사람들에게 매력으로 다가왔을까요? 지금부터 다양한 이야기를 통해 알아보도록 하겠습니다.

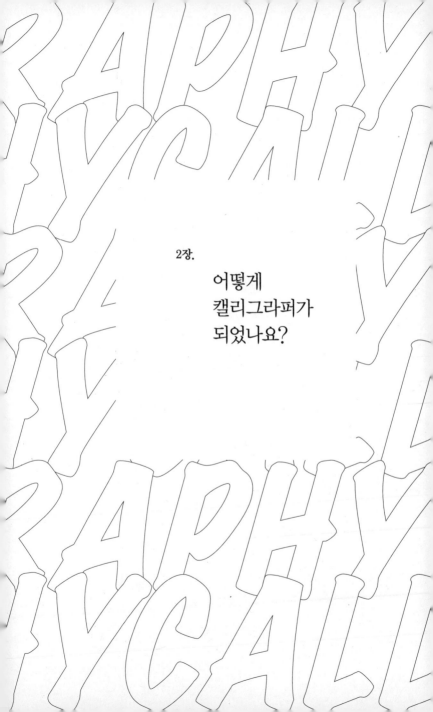

2장.

어떻게
캘리그라퍼가
되었나요?

저는 구 년 차 캘리그라퍼입니다. 그렇다면 그전엔 어떤 삶을 살았을까요? 강의할 때마다 "언제부터 캘리그라피를 하셨나요?"라는 질문을 받곤 합니다. 그러면 저는 역으로 묻습니다. "저는 어느 학과 출신일까요?" 그러면 보통 디자인 공부를 했거나, 미술을 전공했을 거라고 추측하시죠.

하지만 저는 경제학과 무역학을 공부했고, 캘리그라퍼가 되기 전 일반 회사에 다녔습니다. 회사원에서 캘리그라퍼라니? 전혀 연결 고리가 없어 보입니다. 지금부터 제가 어떻게 캘리그라퍼의 길을 걷게 되었는지 소개하고자 합니다.

저는 초등학교 때 필체가 좋은 편이었습니다. 굉장히 멋진 필체를 가지고 계시는 아버지께 글씨를 배웠거든요. 깍두기 공책에 또박또박 바르게 글씨 쓰는 것을 좋아했고 또 잘하는 편이었던 것 같습니다. 경필 쓰기 대회에서 여러 번 입상했으니까요. 그때는 글씨를 잘 써야 공부도 잘할 수 있다고 믿었습니다.

당시 저에게 글씨는 '정성스럽게 써야 하는 것'이었어요. 얼마나 열심히 썼던지 가운뎃손가락에 톡 튀어나온 굳은살이 생기기도 했지요. 저는 지금까지도 초등학생 때 쓴 일기장을 갖고 있는데, 그걸 볼 때마다 새삼 이렇게나 정성을 다해 글씨를 썼었구나, 감탄하게 돼요. 임원을 도맡아 했던 초등학교와 중학교 시절 칠판에 떠든 아이 이름을 쓸 때도 정성을 다했습니다. 지금 생각하면 쪼그만 게 매사 굉장히 진지했네요.

하지만 고등학생이 되면서부터는 글씨에 대한 애정이 적잖이 식어버렸어요. "글씨를 잘 쓰는 게 무슨 의미가 있나, 알아볼 수만 있으면 되지"라고 생각했던 것 같아요. 그때는 친구들끼리 소위 '펜팔장' 같은 걸 참 많이 썼는데, 꾹꾹 눌러 쓴 귀엽고 깜찍한 글씨로 정성스럽게 꾸민 친구의 편지를 넘겨 크고 시원한 글씨로

"몰라, 인마"라고 무뚝뚝한 말들을 써 넘기곤 했었지요. 그러다 경제학과 무역학을 공부하게 되면서부터는 더더욱 글씨는 기록하기 위한 수단일 뿐, 꼭 정성스러워야 할 필요는 없는 것으로 생각하게 되었습니다.

···· 나를 숨 쉬게 한 캘리그라피와의 만남

회사원이 되고 나서부터는 글씨 쓸 일이 정말 드물어졌습니다. 매일같이 컴퓨터와 마주 앉아 키보드를 피아노 치듯 두드리는 것이 일상이었지요. 어쩌다 가끔 내 이름 석 자라도 써야 할 때면, 내 글씨가 이랬나, 하고 어색하고 불편할 때가 많았어요.

그러던 어느 날, 길을 걷다 우연히 캘리그라피 하는 사람을 보게 되었어요. "이게 뭐야, 세상에 이런 게 다 있네. 글씨가 디자인이 된다니, 어떻게 이럴 수 있지?" 가던 걸음까지 멈추고 구경할 정도로 호기심을 느꼈던 저는 그날부터 인터넷에 캘리그라피를 검색하며 정보를 찾기 시작했어요. 그때만 해도 우리나라에서 캘리그라피는 낯선 것이었기에, 국내 작품 사례는 많지 않았습니다. 그래서 해외 사례까지 찾고 또 찾았지요. 회사 생활에 염증을 느끼고 있던 저에게 캘리그라피에 대한 열정은 새로운 활력소가 되어주었습니다. 그리고 캘리그라피가 마음에 안겨다 준 전율에 감동한 저는, 이걸 내 것으로 만들어야겠다고 마음먹었습니다.

캘리그라피 전문 교육 기관과 인력이 적은 시기였습니다. 그래서 처음에는 서예를 배울까, 하며 서예 학원을 기웃거리기도 했지요. 이내 딱딱한 분위기와 다루기 어려워 보이는 재료들 때문에 마음을 돌렸지만요. 캘리그라피 학원도 찾아보았지만, 직장인이었기 때문에 시간이 여의치 않았고, 나만의 스타일을 만들고 싶다는 욕심이 앞섰습니다. 그래서 독학하기로 하고 재료를 사들이기 시작했지요.

첫 재료는 서예 붓과 화선지였습니다. 당시 우리나라의 캘리그라퍼들이 많이 사용하는 재료였거든요. 아무래도 서예가 출신이거나 서예를 공부한 캘리그라피 작가들이 많아서였을 거라고 생각합니다. 여하튼 색색의 화선지에 붓도 굵기별로 준비하고 연습을 시작했는데 너무 어려운 거예요. 또 평소 털털한 성격 탓에 연습할 때마다 이불과 옷, 방바닥과 손 등 집 안 곳곳에 말 그대로 먹칠을 하고 다녔어요. 아기도 아니고 다 큰 게 집 안 곳곳에 먹물을 칠하고 다닌다며 엄마에게 혼이 나기 일쑤였는데, 지금 생각하면 아득한 기억입니다.

안녕하세요
허수연입니다 . 안녕하세요
허수연입니다

▷ 저만 해도 평소 글씨와 캘리그라피 글씨체가 굉장히 다른 편입니다.
  정보 기록을 목적으로 쓴 메모와 명랑하게 인사하고자 하는 의도로 쓴
  캘리그라피는 같은 사람의 글씨이지만, 전혀 다른 모습을 하고 있습니다.

▷ 고양이와 함께하는 캘리그라피 연습 시간.

···· 제 글씨를 선물하고 싶어요

캘리그라피 실력이 어느 정도 늘고 재미가 붙으면서 내 글씨의 쓸모를 찾고 싶다는 생각을 하게 되었습니다. 그래서 점심시간마다 회사 사람들에게 물었지요. "좌우명이 뭐예요?" 그리고 받은 답변을 캘리그라피로 표현하여 선물하기 시작했어요. 감사하게도 다들 너무 좋아해주셨는데 그게 저를 계속하게 하는 원동력이 되었던 것 같아요. 나중에 만난 회사 선배들은 저에게 아직도 그 글씨 갖고 있다며 신기하고 고마웠다고 얘기해주셨는데, 그렇게 오랜 시간 간직할 만한 가치를 지닌 무언가를 만들 수 있다는 것이 저로 하여금 또 한 번 캘리그라피의 매력에 빠지게 하였던 것 같습니다.

형편없는 선물을 할 수는 없으니, 글씨 연습도 많이 하게 되었습니다. 동시에 어떤 문구를 써주면 좋아할지 고민하며, 사람에게도 관심을 가지게 되었지요. 캘리그라퍼를 꿈꾸는 분들이라면 주변 사람들에게 자신의 글씨를 선물해볼 것을 추천하고 싶습니다. 선물 받은 사람들이 보여주는 기뻐하는 모습들이 힘이 되거든요. 이것은 제가 강의할 때마다 강조하는 부분 중 하나이기도 합니다.

▹ 집들이에 가게 되면 캘리그라피로 만든 인테리어 소품을 선물하기도
해요. 평범한 선물도 캘리그라피와 함께라면 세상에 단 하나뿐인 특별한
선물이 됩니다.

▹ 감사한 마음도 캘리그라피를 이용하면 더 정성스럽게 전할 수 있어요.

···· 블로그로 데뷔했어요

캘리그라피의 매력에 빠지면서, 글씨 쓴 종이의 양이 어마어마해지기 시작했습니다. 고민이 되었어요. 다 모아두기에는 양이 너무 많고, 그렇다고 내가 쓴 글씨를 함부로 버리기는 마음이 아팠습니다. "선물하면 되지 않겠어요?"라고 하실 수도 있지만, 하나의 캘리그라피 작품을 선물하기 위해서는 어마어마한 연습지가 별도로 필요했거든요. 보관할 방법을 고민하던 중 블로그에 생각이 닿았습니다. 블로그에 내가 쓴 글씨들을 사진 찍어 올리면 좋겠다고 생각했던 거지요. 그런 식으로 매일매일 모아두다 보면 내가 어떻게 발전하고 있는지도 확인할 수 있을 것 같았습니다.

블로그를 만들고, 혼자 꼬물꼬물 쓴 글씨들을 꾸준히 업로드했습니다. 그러던 어느 날, 블로그 방문자 수가 급증한 것을 확인할 수 있었습니다. 제 작품이 포털 사이트 메인에 노출된 것이지요. 많은 사람들이 공감하고 감동받았다는 반응을 보여주셨고, 자신감이 붙었습니다. "이렇게 많은 분들이 좋아해주시다니……. 내가 정말 잘하고 있는 건가? 그렇다면 한번 세상에 내놓아보자. 나의 작품."

디자인 작품을 판매하는 마켓에 참가하여 원하는 문구를 현장에서 캘리그라피 액자로 만들어주는 프로그램을 열었습니다. 그리고 그날 많은 사람들의 감탄을 받으며, 저의 작품을 판매하는 쾌거를 이루게 되었지요. 엄청난 충격을 받았습니다. "내가 쓴 글씨에 이만한 가치가 있구나!" 스스로의 가능성을 발견하고 앞으로의 방향성까지도 고민하게 되었습니다.

▷ 2011년 홍대 앞에서 열린 예술시장 플리마켓에서 판매했던 상품들입니다.

여담이지만, 고교 시절 제가 좋아하던 과목은 국어였습니다. 이다음에 국어 선생님이나 기자가 되고 싶다고 생각했지만, 제 뜻과는 다르게 경제학과 무역학을 공부하고 일반 기업에서 일하게 되었지요. 그러다 보니 항상 일이 내 적성과 맞지 않아 하나도 즐겁지 않다는 고민이 있었어요.

그러던 중 저에게 찾아온 캘리그라피라는 가능성을 놓치고 싶지 않았습니다. 그러나 아무것도 없는 상태에서 무작정 뛰어들 수는 없다는 현실을 직시하고 스스로에게 제안했습니다. "딱 일 년 동안만 제대로 준비해보자. 지금보다 더 발전한 뒤에 방향을 전환해도 늦지 않아." 그렇게 일 년간 회사 생활과 캘리그라피 작품 활동을 병행했습니다. 더 많이 공부하고, 움직여야 했습니다. 조금 고되긴 했지만 괜찮았습니다. 캘리그라피를 만난 후, 제 삶이 더 긍정적인 방향으로 달라지고 있다는 것을 느꼈거든요.

그러던 어느 날, LG 인재경영개발원으로부터 강의 제안을 받았습니다. 겁도 없이 해보겠다는 호기를 부렸지요. 처음부터 백 명을 상대로 하는 대형 강의를 하게 되었지만, 생각보다 잘 마쳤고 새로운 가능성을 발견하게 되었습니다.

그래서 곧바로 '같이쓰기'라는 이름의 강의를 개설하고 블로그를 통해 수강생을 모집했습니다. 감사하게도 모집 공지를 올린 지 얼마 되지 않아 정원이 마감되었고, 저는 캘리그라피 디자인과 더불어 캘리그라피 교육 또한 가능하다는 것을 깨닫게 되었습니다. 글씨를 매개로 새로운 사람들을 만나고 소통할 수 있다는 것도 큰 매력 요인이었지요.

이후에도 많은 곳에서 강의를 의뢰해주셨습니다. 그리고 일 년 뒤, 저는 스스로에게 약속했던 대로 회사 생활을 마무리하고 전문 캘리그라피 디자이너이자 강사로 거듭날 수 있었습니다. 수많은 작업과 강의를 하며 2012년부터 지금까지 구 년째 이어오고 있는 '허수연연구소'의 시작이었습니다.

···· 캘리그라퍼가 될 수 있었던 이유

이 장을 마치며 제가 캘리그라퍼가 될 수 있었던 이유를 크게 두 가지로 정리해보려 합니다. 지금 캘리그라퍼를 꿈꾸고 계신 분들이라면 제 이야기에 공감하실 수 있을지도 모르겠습니다.

하나, 글과 글씨에 대한 관심.

저는 초등학교 때 글씨 쓰는 것을 좋아했고, 글씨에 대한 애정이 조금 시들해졌던 고등학교 때도 기록하는 것만큼은 놓지 않았습니다. 매일매일 일기를 썼고, 메모도 생활화했지요. 또 문학도 매우 좋아했기 때문에 글과 글씨에 대한 고민이 많았습니다. 그러지 않았다면, 길에서 캘리그라피를 보았던 그날 어떠한 관심이나 감동도 느끼지 못했을 것이고 그랬다면 지금의 저는 없었을지도 몰라요.

둘, 자기 인식.

회사 생활이 행복하고 만족스러웠다면 캘리그라피를 시작하지 않았을지도 모릅니다. 회사 생활에 만족하지 못하면서도 꾸역꾸역 버티려 했었다 해도 결과는 같았겠지요. 제가 느끼고 있던 갈증에 솔직하게 반응한 것이 캘리그라피를 시작하게 한 원동력이 되었다고 생각합니다. 저는 항상 고민이 많았어요. 내가 어떤 것에 관심이 있고, 어떤 것에 재능이 있는지 알고 싶어 했고, 다양한 것들을 경험하기 바랐지요. 그랬기 때문에 회사 생활이 저와는 맞지 않는다는 것을 빠르게 파악하고 제가 원하는 삶을 향한 발걸음을 뗄 수 있었던 것 같아요.

　자신이 지금 하고 있는 일, 혹은 자기 자신에 대한 성찰 없이는 변화하기 어렵습니다. 자신이 정체하고 있다는 것을 느끼더라도 그냥 그대로 내버려두게 되지요. 따라서 내가 무엇을 좋아하고, 무엇에 흥미를 갖는지, 무엇을 잘할 수 있는지, 지금 하는 일에 정말 만족하고 있는지, 끊임없이 의심하고 질문하고 행동해야 한다는 것이 이 시기를 겪으며 깨닫게 된 교훈입니다.

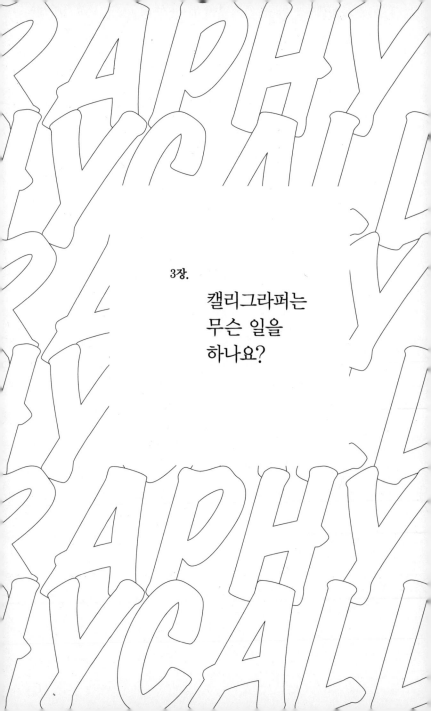

3장.

캘리그라퍼는
무슨 일을
하나요?

···· 의뢰자의 생각을 나만의 이미지로 구현해내는, 디자인

이 장에서는 캘리그라퍼의 일에 대해 소개하려고 합니다. 여러 가지가 있겠지만, 디자인이야말로 가장 대표적인 캘리그라퍼의 일이라고 할 수 있겠습니다. 캘리그라퍼는 개인 작업 외에도 기업 혹은 개인으로부터 다양한 의뢰를 받아 디자인을 개발하고 작품을 만듭니다. 용도에 따라 다양한 캘리그라피 유형이 있으며, 모든 디자인이 그렇듯 캘리그라피 디자인 역시 유행이 있고 계속해서 변화·발전하기 때문에 꾸준히 공부해야 합니다.

디자인 의뢰를 받았을 때 밟아나가는 스텝들과 고려해야 하는 요소들을 간단하게 정리하면 다음과 같습니다.

① 의뢰자가 중점적으로 나타내고자 하는 이미지를 파악한다.

② 의뢰자가 원하는 이미지를 구현한 시안과 그 외의 스타일로 작업한 시안을 두 가지 정도 더 제시한다.

③ 의뢰자가 사용할 공간의 크기 등을 파악하여 그에 맞게 작업한다.

④ 작업 진행의 기본 사항을 미리 전달한다.

⑤ 반드시 이메일로 전달한다.

⑥ 기본 시안료를 미리 협의한다.

위의 단계들을 조금 더 자세히 살펴보겠습니다. 첫 번째로 해야 할 일은 우선 의뢰의 본질 및 목적을 파악하는 것입니다. 캘리그라피 작품의 용도는 회사의 CI·BI는 물론, 상품의 슬로건, 영화 포스터, 광고 등에 이르기까지 무궁무진하기 때문입니다.

아무래도 사용할 사람과 목적이 이미 정해져 있는 디자인이기 때문에 작가의 의도도 중요하지만, 의뢰자가 원하는 이미지가 더 중심이 되어야 합니다. 따라서 그것을 우선적으로 파악하고, 파악한 내용을 나만의 스타일로 표현해야 합니다.

하지만, 의뢰자가 제시한 표현과 다르더라도 좋은 아이디어가 떠오른다면 그 또한 전달해보는 것이 좋습니다. 의뢰자가 미처 생각하지 못했던 콘셉트를 제안할 수 있기 때문이지요. 저 같은 경우 작업 의뢰를 받으면 기본적으로 세 가지 스타일의 글씨를 전달합니다. 물론 한 번에 확정하는 경우는 거의 없으며, 대부분 의뢰자와 여러 번 논의한 끝에 디자인을 결정하게 됩니다. 하지만 지나친 수정 요구로 힘들어지지 않으려면 작업 의뢰를 받을 때 수정 조건도 기본 사항으로 전달하는 것이 좋습니다. 예외도 있긴 하지만, 저 같은 경우 수정은 삼 회까지만 가능하다고 미리 이야기해두고 있어요.

또한 모든 디자인이 그렇겠지만 특히 캘리그라퍼는 획 하나를 바꾸거나 구조적인 변화를 주는 것만으로도 이미지가 전혀 달라지는 장르입니다. 따라서 다양한 시도를 해볼 것을 권유합니다. 가끔 한 번 쓱 써서 주는데 왜 이리 비싸냐고 묻는 무례한 사람들도 있습니다. 하지만 실제로 작업 의뢰를 받으면 한 번 쓱 써서 보내는 것이 아니고, 수십 번, 많게는 백 번까지 써보고 그중 가장 적합한 것을 골라서 보내는 것이 일반적입니다.

캘리그라퍼가 의뢰받은 디자인을 완성하는 데에는 많은 시간과 노력이 필요합니다. (한번 만들어지면 그 상품이, 또는 그 회사가 사라질 때까지 사용될 것이기에 공들일 수밖에 없지요.) 의뢰자의 의도를 충족하는 것은 물론, 작가 본인에게도 좋은 포트폴리오가 되어줄 것이니 즐겁게, 최선을 다하여 작업할 것을 격려하고 싶습니다.

또한 작업을 진행함에 있어 몇 가지 유의 사항이 있습니다. 우선 가격이나 기본 사항에 대해 구두로 전달해서는 안 돼요. 전달하는 과정에서 누락되거나 잘못 이해하는 부분이 생기면 작업 말미에 혼란을 겪게 되거든요. 따라서 작업료, 진행 사항, 유의 사항 등 확정된 내용을 잘 정리하여 이메일로 주고받을 수 있도록 해야 합니다. 여기서 의뢰자가 참고할 수 있도록 자신의 포트폴리오를 함께 보내거나, 가격을 정확히 명시한 견적서를 양식에 맞게 작성하여 첨부하도록 합니다.

또 종종 정성 들여 작업했는데, 의뢰자가 변심하여 사용하고 싶지 않다고 하는 경우가 있을 수 있습니다. 이런 경우를 대비해 작업에 앞서 기본 시안료를 정하면 좋습니다. 가령 '최종적으로 사용하지 않게 된다 하더라도 작업료의 오십 퍼센트를 시안료로 지급해야 한다(경우에 따라 비율은 달라질 수 있습니다)' 등의 사항을 미리 전달하면, 열심히 작업한 작품에 대한 최소한의 대가는 받을 수 있습니다.

4. 밝고 명랑함.

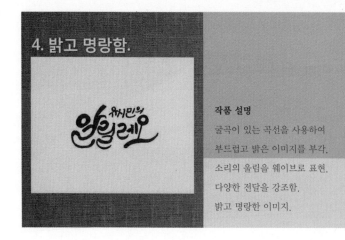

작품 설명

굴곡이 있는 곡선을 사용하여
부드럽고 밝은 이미지를 부각.
소리의 울림을 웨이브로 표현.
다양한 전달을 강조함.
밝고 명랑한 이미지.

▸ 〈유시민의 알릴레오〉 타이틀 작업을 했을 때는 느낌별로 총 여섯 가지
  시안을 보냈습니다. 시안을 보내면서 의도와 함께 그렇게 구성한 이유를
  정리해 보내면, 의뢰자가 결정에 참고할 수 있습니다.

서관면옥
평양냉면전문점

▸ 평양냉면 전문 식당 서관면옥의 상호 캘리그라피 작업을 진행할 때는
진중하면서도 개성 있는 느낌을 주고자 했습니다.
또한 메뉴, 옥외광고물, 벽면 부착용 간판 등 용도를 확인해 쓸모에 맞
게 가로와 세로 길이, 크기 등을 별도로 구성하였습니다.

···· 스스로 나의 가치를 낮추지 마세요, 단가 정하기

단가 책정. 캘리그라퍼로 데뷔하는 사람들이 가장 고민하는 부분입니다. 제게 캘리그라피를 배운 수강생들도 종종 단가를 어떻게 정해야 하는지 질문하는 메일을 보내옵니다. 그러나 아무리 선생님이었다 해도 단가를 정해주기는 쉽지 않습니다.

결국 참고 자료를 수집하고 종합적인 부분을 고려하여 자신의 단가 기준을 스스로 책정해두어야 합니다. 물론 문의의 내용에 따라 예외는 있겠으나, 기준이 있으면 혼란이 줄거든요. 캘리그라피 사업을 하고 있는 타 업체 혹은 타 캘리그라퍼의 단가, 한국캘리그라피협회의 단가표, 다른 디자인 가격 등의 정보를 종합하여 자신의 작업료를 책정하는 것이 좋습니다.

무조건 다른 사람들보다 저렴하게 한다거나 비싸게 한다고 해서 좋은 것이 아닙니다. 그렇게 생각하면 단가를 정하기가 다른 일보다 어려운 것임은 분명합니다. 하지만 개인적으로 가장 중요하다고 생각하는 부분은 미련이 없는 단가여야 한다는 것입니다. 단가에 아쉬움이 있으면 작업에 집중할 수 없고, 결과물에 대해 후회하게 되는 경우도 많습니다.

또한 속된 말로 단가를 '후려쳐서도' 안 됩니다. 당장 작업을 유치하는 데는 도움이 될지 모르나 장기적으로 보면 결국 자신의

*내용의 A, B, C는 규모에 따른 구분.

분류	항목	내용	가격
CI 로고 타입	회사명	A	○원
		B	○원
		C	○원
BI 로고 타입	전시, 행사명, 슬로건	A	○원
		B	○원
		C	○원
패키지		A	○원
		B	○원
		C	○원
간판	일반 상호		○원
	체인점		○원
TV 타이틀	드라마		○원
	다큐멘터리/기타		○원
신문광고		A	○원
		B	○원
잡지 광고		A	○원
		B	○원
TV 광고	글씨 참여		○원
	촬영 참여		○원
편집/출판	참고서		○원
	단행본 표지		○원
	사보/잡지		○원
음반 타이틀			○원
포스터	전시/공연	A	○원
		B	○원
	영화	A	○원
		B	○원
카탈로그/팸플릿	표지		○원
	내지		○원
기타			별도 문의

▸ **캘리그라피 작업 단가표 양식의 예시.**

사전에 항목을 나누어 작업비 기준을 정해놓으면 작업 의뢰를 받는 데 도움이 됩니다.

가치를 그 정도에 주저앉히는 일이 되거든요. 휴지에 쓱쓱 그린 그림일지라도 피카소의 그림이라고 하면 수억 원을 호가한다는 점을 기억해야 합니다. 결국 작품의 가치는 작가의 가치나 다름이 없다는 것을요.

.... **작품으로 공감하는, 전시**

저는 사실 전시를 즐겨 하는 작가는 아닙니다. 평소에 강의 및 블로그 활동 등을 꾸준히 해왔기 때문에 딱히 제 작품을 소개하고 공유하는 일에 대한 갈증은 없었거든요. 물론 전시 경험이 전혀 없는 것은 아닙니다. 하지만 대부분 원하는 주제나 방식이 정해져 있는 초청 전시였기 때문에 저의 생각과 기획이 전적으로 반영된 것은 아니었습니다. 그리고 솔직히 말하면 초청 전시는 일정한 보수를 받고 하는 전시였기 때문에 '일'이라 생각하고 대하기도 했던 것 같습니다.

하지만 공간을 섭외하고 주제를 정하는 일부터, 주제에 맞는 글 선별, 작품의 재료·배치와 구성 결정, 작품의 완성, 모객까지 모두 저의 몫이었던 전시도 있었습니다. (자발적인 전시는 이렇게나 많은 공이 들어간다는 것을 알고 있었기에 전시를 결심하기까지 그렇게 오랜 시간이 걸렸던 것 같기도 합니다.) 이제 전시의 준비 과정들을 소개해드리고자 합니다. 캘리그라퍼가 실제로 작품 주제를 어떻게 정하고, 어떻게 디자인하여 완성하는지도 함께 살펴보기로 해요.

2018년 6월, 전시 공간이 섭외되어, 전시를 하기로 마음먹었습니다. 전시를 하기 위해 공간을 구하는 것이 아니라 공간이 생겨서 전시를 한다니. 뭔가 아이러니하긴 하지만, 이 또한 놓칠 수 없는 기회라 생각했습니다.

하지만 그렇게 결심한 전시 준비는 시작부터 어려움투성이였습니다. 먼저 무엇을 전시할 것인지 정해야 했습니다. 물론 저는 캘리그라피 작가이니 당연히 캘리그라피 작품을 전시하겠지만, 전시 주제를 정하고 알맞은 재료를 골라야 했습니다. 당시 저에게 주어진 시간은 이십 일 정도였습니다. 주제를 정하고 문구를 찾아 작품을 완성하기엔 너무나 촉박한 시간이었어요. 머릿속의 생각을 작품으로 이끌어내기 위해 움직임이 바빠졌습니다.

해당 전시는 단순히 이제까지 저의 작품을 모아 보여주는 전시가 아니라, 주제가 있는 기획 전시였습니다. 그래서 무엇보다 주제를 정하는 것이 중요했지요. 주제에 따라 작품은 물론 디스플레

이와 조명까지 달라질 것이었기 때문입니다. 기획자 선생님과 함께 머리를 맞대었습니다.

"요즘 인스타그램에서 인기를 끄는 짧은 글들 있잖아요. 그런 건 어떨까요?"
"음…… 위트 있고 공감되어서 좋긴 하지만, 난 왠지 묵직한 글이 더 좋더라."

이 한마디로 전시 주제가 결정되었지요. 한국 근대 여성 작가들의 글로 작품을 만들기로 한 것입니다. 뭔가 무겁고 어렵기만 할 것 같았는데, 하나둘 찾아보니 오래된 글인데도 깊게 공감할 수 있었습니다. '여성 문학'이라는 점에서 주제가 한정적이지 않을까 고민하기도 했는데, 막상 찾아보니 주제도 이야기도 아주 다양했지요. 그 글들을 마주하는 순간 표현 방식에 대한 아이디어가 머릿속을 가득 채웠어요. "아! 이거다!" 가슴 벅찬 감동과 즐거움이 밀려왔습니다.

주제를 정했으니, 그다음에는 어떤 문구를 쓸지 골라야 했습니다. 소재가 다른 사람의 글이었기 때문에 무엇보다 저작권이 중요했어요. 돌아가신 지 칠십 년이 지난 작가들의 경우 이미 저작권이 만료되어 자유롭게 사용할 수 있었고, 아직 저작권이 유효한 작가들의 글은 출판사를 통해서 전시에 문구를 사용해도 되는지 문의했지요. 이런 기획의 시작 단계에서 저작권 확인은 필수입니다.

문구를 선정한 후에는 작품 디자인을 시작했습니다. 저 같은 경우 작품을 만들기 전 구상에 공들이기 때문에 디자인 단계에서 많은 시간이 필요하고, 작업 시간 자체는 비교적 오래 걸리지 않는 편입니다. 시간 날 때마다 문구를 읽고 생각하여 머릿속으로 디자인을 끝내놓은 뒤, 빠르게 완성하는 경우가 많지요. 캘리그라피는 한번 쓰면 수정하기 어렵다는 장르 특성상 머릿속으로 완벽한 디자인을 세워두는 것이 중요해요.

작품을 디자인하기 위해서는 소재를 이해하는 것이 가장 중요합니다. 저처럼 소재가 글인 경우에는, 작품에 작가의 의도를 반영하는 것은 물론, 그 글에 대한 자신만의 해석도 적용해야 해요. 글을 읽었을 때 느껴지는 분위기 또는 글에 얽힌 이야기를 어떻게 캘리그라피로 표현할 것인지 고민하는 것이 중요합니다. 또 작품을 쓸 공간을 정하고, 제한된 공간 안에 어떻게 글을 쓸지 크기와 구조 등을 결정해두어야 합니다.

디자인 다음에는 재료를 탐색해야 합니다. 아무래도 캘리그라피 디자인은 먹 튀김이나 붓 터치 등으로 서예의 느낌을 복합적으로 표현하는 경우가 많아서, 한지에 써서 족자나 표구 액자에 전시하는 경우가 많습니다. 하지만 당시 저는 그렇게 하지 않았는데요. 그 이유는 다음과 같습니다.

첫째, 현대적이고 간단하면서도 곱게 표현하고 싶었습니다. 화려하거나 강한 색감을 선보이기보다는 차분하게 이야기하듯이 표현하고 싶었지요. 둘째, 기존 캘리그라피 전시와 차별화하기 위함이었습니다. 저만 해도 '캘리그라피 전시' 하면 떠오르는 선입견 같은 이미지가 있었어요. 그것에서 탈피한 전시를 보여주고 싶었습니다. 그래서 현대적인 색상과 디자인의 액자를 선택했고 작품의 색감이나 표현 역시 간단하면서도 차분하게 하려고 했지요.

사실상 구상과 디자인이 작품에서 많은 비중을 차지하기 때문에 작업 자체는 그리 오래 걸리지 않습니다. 구상해둔 디자인대로 글씨를 쓰고 글씨 외에 색과 그림, 선 등으로 포인트를 줍니다. (물론 글씨만으로 충분하다면 이런 요소들은 넣지 않아도 좋습니다.) 그 다음에는 적당한 위치에 낙관을 찍고 충분히 건조한 다음 액자에 작품을 넣으면 끝입니다!

전시에 있어 가장 중요한 작품을 완성했지만, 전시 준비는 그

▷ 전시를 준비하는 과정을 담은 사진들.

때부터 시작이었다 해도 과언이 아닐 정도로 할 일이 많았습니다. 우선 전시 이름을 정해야 했지요. 많은 고민 끝에 단순하고 직접적이면서도 트렌드에 맞는 세련된 느낌을 주기 위해 〈기특한 가치의 발견 × 한국문학〉으로 전시명을 정했습니다.

그리고 곧바로 포스터와 도록 디자인을 시작했지요. 포스터는 하얀 바탕에 적절한 폰트의 검은 글씨를 감각적으로 배치했습니다. 캘리그라피 전시인데, 왜 포스터에 캘리그라피를 사용하지 않고 일반 폰트를 사용했느냐는 질문을 많이 받았어요. 하지만 앞서도 말했듯이 제 머릿속에 있는 캘리그라피 전시에 대한 고정관념을 깨고 싶었기 때문에 오히려 캘리그라피 사용을 피하고 싶었습니다. 실제로 검은색, 하얀색, 초록색 등의 색상을 활용하여 감각적으로 구성한 포스터 디자인은 굉장히 마음에 들었습니다.

도록의 첫머리에는 전시 기획 의도 및 작가의 말을 넣었습니다. 기획 의도는 전시의 전체 콘셉트를 설명하는 것이기 때문에 개별 작품의 내용 못지않게 중요한 부분입니다. 전시 준비를 시작할 때부터 지금에 이르기까지의 생각을 되짚어보고, 이 전시를 통해 관객들에게 전하고자 하는 바를 담아 글을 썼습니다. 다음은 당시 제가 작성한 전시 기획 의도입니다.

기특한 가치의 발견 × 한국문학 _허수연

때때로 인생의 이유를 어떻게든 스스로 발견해야 할 때가 있다. 삶을 위한 거창한 이유가 필요하거나 어떤 생각, 무슨 색깔로 또는 무엇을 중심으로 살아가야 할지가 고민될 때, 내 인생의 가치를 스스로 발견하고 그 가치를 존중하며 살아가는 힘을 얻는 것은 어렵지만 필요한 일이다.

〈기특한 가치의 발견×한국문학〉은 여기서 출발한다. 우리 시대 인간, 그중에서도 여성으로서의 삶을 발견하고 공감할 수 있는 문학을 주제로 택했다. 이번 전시에서 삶의 형태를 해설해주는 것이 글이라면, 글에 담긴 의미를 시각적으로 느끼게 해주는 것은 손글씨, 즉 캘리그라피라는 것을 보여주고 싶었다. 각 시대 작가들이 쓴 '인간으로서의 삶' '여성으로서의 삶'에 대한 사연을 손으로 쓴 글씨의 구성과 형태로 보여주는 것이 이번 〈기특한 가치의 발견× 한국문학〉의 특징이다.

손글씨(캘리그라피) 표현에 있어서는 단순히 슬프고, 기쁘고, 밝고, 어두운 것을 넘어 글 속에서 느껴지는 각각의 사연을 작가 허수연만의 표현으로 재구성하고자 하였다. 특히 한글이라는 특수성은 곡선과 직선, 자음과 모음 그리고 받침의 안정적 비율을 담을 수 있어, 우리의 삶을 표현하기에 적합했다. 하얀 배경과 검은 글씨의 구성 또한 마치 우리 삶의 음영을 대변하는 듯한 인상을 주고자 했고, 삼면의 전시 벽면을 통해 각기 다른 삶의 장면을 보여주려 했다.

작가 허수연은 작품 안의 글과 글씨를 통해 삶의 밝음과 아름다움은 물론, 고통과 신음까지도 표현하고자 했다. 고요한 선과 투박한 글씨는 각자의 위치에서 독특한 형태로 어우러져 하나의 장면으로 탄생하는 희열을 담아낸다. 비단 여성스러움이라고 평할 수 있는 형태에 국한되지 않는다.

여기서 흥미로운 점은 문학과 캘리그라피가 만났을 때 탄생하는 새로운 감정이다. 책으로 접하는 문학과, 작가의 해석을 담은 캘리그라피 작품의 형태로 만나는 문학은 분명히 다른 인상을 준다. 동일한 문구가 달리 느껴지고, 본래 갖고 있던 울림은 더욱 생생해지는 시간이 되는 것이다.

포스터 시안과 전시 도록의 콘텐츠가 완성되었으니, 이제 출력과 제작만 남았습니다. 포스터는 다양한 사이즈로 제작하여, 전시장 입구를 포함하여 곳곳에 배치하였고, 별도로 대형 현수막을 제작하여 전시장 안에 걸어두었는데, 전시장의 포토존이 되어주었지요.

더불어 전시 도록의 제작 견적을 알아보았습니다. A5 사이즈의 작은 책자로 제작하기로 하고, 인쇄소들을 알아보았습니다. 당시 세 번의 출판 경험이 있었지만, 제작은 출판사에서 담당해주셨기에 직접 인쇄를 의뢰해본 적은 없었어요. 그래서 인쇄 비용을 잘 몰랐지요. 캘리그라피를 가장 잘 보여줄 수 있는 종이와 디자인을 선택하니, 견적은 최소 수량 이백 권에 백만 원 정도. 생각보다 높은 비용이었지만, 판매하여 이윤을 내는 것보다는 작품에 대한 경험을 제대로 전달하는 것이 더 큰 목적이었기 때문에 바로 제작에 들어갔습니다.

의뢰를 확정하고 비용까지 지불했는데, 이번에는 제작 기간이 문제였어요. 전시 오픈 전까지 받아야 하는데 시간이 너무나 빠듯했기 때문에 매일 인쇄소 담당자님께 전화드려 부탁할 수밖에 없었지요. 인쇄만 하면 바로 완성되는 것이 아니라 찍고 말리고 표지를 제작하여 제본하는 등 여러 과정이 더 필요했는데, 거기에만 최소 삼 일이 걸렸어요. 결국 전시 오픈 하루 전에 도록을 받고 안도의 한숨을 쉴 수 있었습니다. 도록을 제작할 일이 생긴다면 십 일 정도는 여유를 두시기를 조언합니다. 아예 전시 준비 일정을 여유 있게 잡으면 더 좋겠지요.

그렇게 전시가 막을 올렸습니다. 전시 시작일, 오픈 시간이 되자 관객들이 몰려오기 시작했고, 인사를 나누느라 정신이 없었어요. 반가운 얼굴들을 만날 수 있어 몹시 가슴 벅찬 자리였지요.

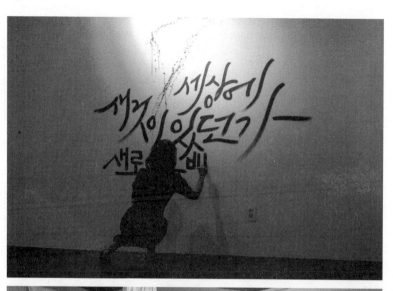

▹ 전시 당일의 사진들.
▹ 전시 중 작가와의 만남 시간. 흰 벽에 생동감 있는 움직임으로
  캘리그라피를 써 내려가는 퍼포먼스를 선보였습니다.

특히 오프닝 프로그램도 몇 가지 준비해두었기 때문에 더욱 떨리고 설레는 시간이었어요.

먼저 기획자가 전시에 대해 설명하며 전시의 시작을 알렸습니다. 그다음에는 제가 등장해 대형 붓으로 전시장 벽에 글씨를 써 나가는 퍼포먼스를 했습니다. 퍼포먼스를 마친 뒤에는 전시 기획 의도와 작품 하나하나에 대한 해설을 이어갔지요. 설명을 듣고 보면 글씨와 선 하나하나마다 작가의 의도를 느낄 수 있고, 전체 구성에 대한 이해도 깊어지기 때문에 설명은 전시에서 중요한 부분입니다. 하지만 사실 작가가 직접 작품에 대해 설명하는 일은 흔하지 않기 때문에 더욱 특별한 오프닝 프로그램이 되었던 것 같아요. 그렇게 작품으로 관객들과 마주하는 가슴 설레는 전시가 시작되었습니다.

전시 기간 열흘 동안 관객들에게 사십여 점의 작품을 선보였습니다. 전시를 통해 사람마다 취향도, 글씨에 대한 이해도 다양하기에 같은 작품을 보고서도 다른 감동을 느낀다는 것을 깨달았습니다. 그럼에도 어떤 작품이 가장 마음에 와닿았는지 물어보면 많은 사람들이 공통적으로 선호하는 작품이 있었는데요. 그 이유는 무엇일까도 고민해보게 되었지요. 짧은 준비 시간에 여러 가지로 아쉬움도 많은 전시였지만, 많은 사람들을 만나고 작품으로 공감하며 말할 수 없는 감동에 휩싸였던 소중한 전시였습니다.

전시 준비의 단계
1. 전시 주제 및 제목 정하기.
2. 일정 정하고 장소 섭외하기.
3. 재료 정하기.
4. 작품 구상하기.
5. 작품 제작.
6. 작품 설치.
7. 도록 제작.
8. 오프닝 프로그램 기획.
9. 전시 오픈.

작품 구상 및 제작의 세부 단계
1. 문구 선정하기.
2. 문구 이해하기. (문구를 쓴 사람과 글에 대한 해석도 함께라면 더 좋다.)
3. 작품 크기 정하기. (작품을 쓸 공간을 정하고, 제한된 공간 속에서 어떻게 글을 배치할지 고민한다.)
4. 어떤 글씨체로 어떤 디자인의 작품을 만들지 확정하고 쓴다.
5. 글씨 외에 색감이 있는 포인트 그림 또는 선을 이용하여 작품을 채운다. (글씨만으로 충분하다면 그림 또는 선을 넣지 않아도 좋다.)
6. 작품의 각 모서리, 글씨 안에 빈 공간 등 적당한 위치에 낙관을 찍는다.
7. 충분히 마를 때까지 적당한 곳에 둔다.
8. 액자에 작품을 넣는다.

▷ **2017년 월드 컬쳐 오픈 전시**

다양한 감정을 캘리그라피로 표현했습니다. 적절한 영상과 조명을 작품과 함께 배치하여 새로운 방식으로 독특한 감성을 표현할 수 있었습니다.

▷ **2019년 허수연 개인전 식물의 말과 글**

윤디자인에서 주최한 개인전 모집 공고에 당선되어 진행한 전시입니다. 자유 주제였기 때문에 주제에 대해 폭넓게 생각할 수 있었습니다. 다양하게 표현하여 캘리그라피의 새로운 모습을 보여줄 수 있고, 동시에 보는 이들의 공감을 얻을 수 있는 소재를 고민하다가 '식물의 말과 글'이라는 주제를 잡았습니다. 식물의 생각을 저만의 시각으로 유추하여, 캘리그라피와 그림으로 표현했습니다. 재밌기도 하고 슬프기도 한, 독특한 콘셉트의 전시였습니다. 기획부터 설치까지 모두 맡아 더욱 마음이 가는 전시이기도 했고요.

캘리그라피를 이용한 퍼포먼스를 보신 분들이 있을 것입니다. 캘리그라피 퍼포먼스의 형태는 아주 다양합니다. 대형 붓으로 글씨를 쓴다거나 역동적인 필체로 타이틀을 써 내려가는 퍼포먼스 등등……. 저 역시 퍼포먼스 제안을 받아본 적이 있고, 앞에 언급한 기획 전시 오프닝 프로그램 등 실제로 퍼포먼스를 해본 적도 있습니다. 그중 기억에 남는 퍼포먼스를 소개하고 싶습니다.

당시 모 페스티벌 주최 측으로부터 캘리그라피 퍼포먼스를 제안받은 저는, 화려하게 춤추듯 쓰거나 역동적인 필치를 보여주기보다는, 많은 글씨를 차분히 써 내려가는 것이 좋겠다고 생각했습니다. 캘리그라피 작품은 봤어도 쓰는 모습은 보지 못했을 사람들을 위한 퍼포먼스이기도 했지요.

무엇을 쓸까 고민하던 중, 가수 신해철 씨의 부고를 듣게 되었습니다. 평소 참 좋아하던 뮤지션이기도 했고, 젊은이들에게 새로운 외침을 준 어른이라 생각해왔기 때문에 정말 마음 아프고 속상했습니다. 그 안타까움과 그리움이 비단 나 혼자만의 것은 아니리라는 생각이 들어, 고 신해철 씨의 〈민물장어의 꿈〉 가사를 쓰기로 했습니다.

많은 사람들 앞에서 100호 액자에 가사를 써 내려가는데 마음

깊은 곳부터 시작하여 손끝까지 전해져 오는 알 수 없는 울림 때문에 끊임없이 눈물이 흘렀습니다. 눈물은 노래 가사를 다 쓰고 작품을 완성할 때까지 그치지 않았습니다. 보는 사람들 모두 같은 감동을 느꼈는지 뜨거운 박수를 보내주었습니다. 노랫말과 캘리그라피의 만남이 그들에게 무언가 메시지를 전했는지도 모르겠습니다. 지금까지도 〈민물장어의 꿈〉을 들을 때면 그날 그 현장의 눈빛들이 떠오릅니다. 앞으로도 나만의 캘리그라피 퍼포먼스로 많은 사람들에게 감동을 주고 싶습니다.

캘리그라피를 시작하고 사업을 포지셔닝한 이래, 가장 많이 성장하고 저만의 독보적인 색깔을 갖게 된 영역이 강의입니다. 앞서도 말씀드렸듯이 저의 강의는 블로그 방문객들을 대상으로 한 '같이 쓰기' 수업에서 시작되었습니다. 말 그대로 '같이 쓰자'는 취지에서 시작하여, 제가 배우고 익힌 기법을 나누며 함께 캘리그라피 작품을 만드는 소단위 수업이었지요.

많은 사람들에게 캘리그라피를 알리고 소통할 수 있다는 것, 함께 멋진 작품을 만들어갈 수 있다는 것이 저에게 아주 특별한 의미로 다가왔어요. "아! 이거야! 너무 재밌다!" 드디어 제가 원하던 방향성을 찾았다고 생각했고, 그 후 틈날 때마다 모임을 열었습니다. 그렇게 시작한 '같이쓰기' 강좌는 구 년째 매달 열리는 강의가 되었지요.

이외에도 제 강의는 여러 영역으로 확장되어 다양한 목적을 가지고 캘리그라피를 접하는 사람들에게 소개되고 있어요. 허수연 연구소 역시 캘리그라피 강의 전문 회사로 발돋움하고, 알려지기 시작한 지 꽤 되었습니다. 그렇게 되기까지 제가 밟아온 과정을 소개해보려 합니다.

우선 제 교육관을 말씀드리고 싶습니다. 저는 캘리그라피 강사이지만, 캘리그라피 기술만을 전수하는 사람이 되지 않으려고 노력합니다. 가르치는 사람의 철학과 소신이 잘 반영되어야 효과적인 교육이 될 수 있다고 생각하기 때문입니다. 단순히 정보와 기술만을 전달하는 것은 교육이라 말하기에 부족함이 있다고 생각합니다.

그래서 캘리그라피 강의를 할 때도 글씨 쓰는 법을 전달하는 데 그치지 않고 저의 철학과 경험, 그 모든 것을 종합한 내용을 전달하려고 노력해요. 하지만 무조건 내 철학이 맞아, 내가 겪어온 대로 가, 라고 세뇌해서는 안 되겠지요. 배우는 이가 교육을 듣고 자신만의 방식으로 소화하는 것이 중요하다고 생각합니다. 따라서 전달하는 것뿐 아니라, 내가 전달하는 내용이 그 사람에게

맞는 모양으로 잘 습득될 수 있도록 돕는 것까지가 교육의 역할이라고 생각합니다.

허수연연구소의 강의는 크게 세 가지로 분류됩니다. 주제와 목적이 있는 강의(기업, 기관 강의), 캘리그라피 기술 및 활용 방법을 배우는 강의(개인 강의), 직업관·리더십 교육(과정 강의)이 그것인데요. 하나하나 살펴보기 전 우선 제가 수업을 설계함에 있어 중요하게 여기는 부분들을 말씀드리고자 합니다.

종종 다른 사람의 강의를 따라 하려는 시도들이 보이지만, 대부분 실패하는 경우가 많아요. 그 이유는 여러 가지가 있겠으나, 우선 자기에게 주어진 시간을 자신의 말로 채우지 못했다는 것이 가장 큰 이유라고 생각합니다. 강의는 다른 사람의 그럴싸한 말을 가져와서 하는 것이 아니에요. 내 생각을 잘 녹여낸 나만의 아이템을 커리큘럼으로 활용해야 합니다. "그걸 어떻게 하는데요?"라고 물어보실 수도 있겠지만, 결국 '경험'만이 답이라고 말씀드리고 싶네요. 직접적인 경험과 다양한 사례를 통한 간접 경험이 좋은 커리큘럼을 완성하기 위한 재료가 된답니다.

강의에는 수많은 변수가 존재합니다. 그중 가장 큰 변수는 수강생들의 질문이겠지요. 잘 모르거나 해보지 않은 일을 자신의 이야기처럼 말하는 것은 언젠가 탄로 날 수밖에 없어요. 그때는 진정성까지 의심받게 되겠지요. 수많은 변수에 혼자서도 충분히 대응할 수 있을 만큼 경험하고 준비한 가운데 강의에 임해야 합니다.

언제나 가장 중요한 것은 진정성입니다. 자신의 머릿속과 마음속에 있는 것들을 잘 구성해서 대상에 맞는 멘트와 공감할 수 있는 포인트들로 풀어내보세요.

허수연연구소 캘리그라피 강의의 가장 큰 비중을 차지하는 분야는 기업 강의입니다. 저는 강의를 시작한 이래 줄곧 기업 강의를 메인으로 고집해왔는데요. 캘리그라피에 기업 교육이 지닌 목적을 접목함으로써 새로운 교육을 개발할 수 있기 때문이었어요.

많은 분들이 궁금해하십니다. "LG, 삼성 같은 기업에서 왜 캘리그라피를 배우나요?" 사실 기업에서 캘리그라피 교육을 진행하는 목적은 캘리그라피 기술을 배우는 것이 아닙니다. 자신의 생각을 캘리그라피 작품으로 표현하면서 얻게 되는 감동과, 그러는 가운데 자연스럽게 이뤄지는 소통과 교류 등을 꾀하는 것이지요. 목적에 맞게 잘 구성된 캘리그라피 강의는 기업이 원하는 결과를 이끌어낼 수 있습니다.

따라서 캘리그라피 기업 교육을 하는 강사에게 교육의 주된 목적을 파악하는 것은 가장 중요한 부분입니다. 목적이 무엇이냐에 따라 수업 과정이나 결과물이 달라질 수 있고, 교육을 진행하면서 지속적으로 노출하거나 유도해야 할 사항이 생기기도 하기 때문이죠. 특히 캘리그라피 수업은 손으로 무언가 문구를 쓰는 수업이기 때문에 주제를 제시해줘야 하는데, 그러려면 강의의 목적을 꼭 알고 있어야 해요.

허수연연구소의 기업 교육 같은 경우, 캘리그라피를 처음 접하는 사람들에게 캘리그라피의 개념을 전달하는 것은 물론, 누구나 한 번쯤은 사용해봤을 붓 혹은 붓펜을 이용하여 정성스럽게 손글씨를 쓰면서 갖는 고요한 집중의 시간, 잊고 있었던 생각과 다짐을 글씨로 풀어내는 가운데 감동하는 시간 등 종합적인 효과를 누릴 수 있는 시간으로 구성하려 하고 있습니다.

그래서인지 남녀노소를 불문하고 수업에 대한 만족도가 높습니다. 연배 높으신 임원분들을 모시고 임원진 교육을 할 때는 딱딱하게 앉아 계시는 모습에 긴장하기도 합니다. 하지만 이내 마음 따뜻해지는 문구를 쓰고 행복해하시는 표정을 보면 제 마음까지 녹아내리죠. 또 신입사원 교육이나 승진자 교육에서는 넘치는 생기와 센스, 패기 등을 문구로 접할 수 있어요. 다양한 지역·직업·연령대의 사람들을 만나면서 듣게 되는 고민과 생각, 목표 등은 제가 알지 못했던 것들을 깨우쳐주기도 합니다. 여러 사람들의 생각을 읽을 수 있다는 점에서 강사에게도 강의는 참 소중한 경험이구나, 라는 생각을 항상 하게 됩니다.

두 번째는 개인 강의입니다. 제가 가장 먼저 시작한 강의이자 지금까지도 꾸준히 하고 있는 강의예요. 일반적으로 개인 강의는 크게 두 가지 부류가 있습니다.

우선 평소 캘리그라피에 관심이 많았기에 좋은 취미로 삼고 싶어서 찾아오신 분들을 위한 취미 강의입니다. 캘리그라피는 내 글씨를 아이템으로 디자인한다는 특성 때문에 진입장벽이 낮은 편입니다. 또 쓰고 읽고 감동할 수 있는 종합적인 장르로 알려져 있지요. 캘리그라피는 정서적인 도움을 줄 뿐 아니라, 생활 속에서도 활용도가 높습니다. 개인 강의는 캘리그라피의 기초부터 선물로 활용하는 방법, 나의 생활 곳곳에 캘리그라피를 조화롭게 배치하는 팁까지 종합적으로 가르치는 수업인데요. 이 수업을 통해 우울증을 치료하신 분도 있고, 스스로 청첩장을 디자인하신 분도 있고, 세뱃돈 봉투를 센스 있게 써서 활용하시는 분도 계세요. 자신의 필요에 따라 그야말로 다양하게 캘리그라피를 활용할 수 있다는 것입니다.

취미로 수업을 듣다가 캘리그라피의 매력에 푹 빠져서 전문 작가로 성장하신 분들도 계세요. 자신의 일에 캘리그라피를 접목하여 새로운 시도를 하시는 분들도 계시고요. 개인의 취향과 상황에 맞게 성장 가능성도 그야말로 무궁무진하다는 것입니다.

다음은 캘리그라피 전문가가 되기 위해 찾아오시는 분들을 위한 전문 강의입니다. 캘리그라피 전문 강의를 들으시는 분들 중에는 캘리그라피 교육 강사가 되고자 찾아오시는 분들도 많습니다. 방과후학교 강의를 위해 찾아오시는 오십 대 이상 수강생들도 더러 계시지요. 캘리그라피 전문 강의는 캘리그라피의 개념과 기본기 교육을 비롯하여 자신의 개성과 취향에 맞는 글씨체를 찾고 개발하는 것을 돕습니다. 여러 가지 감정과 스타일에 맞는 글씨체가 완성되면 개인의 목적에 맞는 진로 방향까지 함께 탐색하지요. 캘리그라피 강사 또는 디자이너, 캘리그라피 어플리케이션 또는 상품 제작자 등 캘리그라피와 관련된 사업 또는 전문 영역

에 대한 진로를 발굴하고 연결까지 해주는 강의입니다.

이때는 수강생의 목적을 잘 파악해야 알맞은 방향을 제시할 수 있기 때문에 수업과 상담을 병행합니다. 글씨 또한 강사의 글씨를 그대로 전수하는 것이 아니라, 기본적인 캘리그라피 표현 기법을 익힌 후 자기에게 맞는 캘리그라피 스타일을 구성할 수 있도록 합니다. 각자가 자긍심을 갖고 개성 있게 쓸 수 있는 캘리그라피를 만드는 데 주목하고 있습니다.

회사원에서 캘리그라퍼가 되기까지 겪어온 저만의 독특한 과정 자체가 강의의 주제가 되는 경우도 있습니다. 직업관 교육 또는 리더십 강의, 진로 교육 등이 그것인데요. 처음에는 주로 초등학생부터 대학생까지 다양한 연령대의 학생들에게 강의를 했습니다. 그런데 요즘은 제2의 직업을 준비하시는 분들을 대상으로 하는 교육도 많아졌습니다. 평생교육의 중요성이 강조되면서, 손쉬운 도구를 사용해 쉽게 시작할 수 있는 캘리그라피가 더욱 각광받는 장르가 되고 있는 것이지요.

이전의 나와 같은 고민을 하고 있는 회사원들, 취업을 준비하는 대학생들, 아직 자신의 꿈이 무엇인지 모르는 고등학생들, 멋진 문구를 써서 이성 친구에게 주고 싶다는 감성 충만한 중학생들, 내가 아무리 멋진 글씨를 보여줘도 자기 글씨가 가장 멋지다고 생각하는 초등학생들까지. 그들에게 캘리그라피뿐 아니라, 캘리그라피를 통해 일궈온 나의 삶을 들려주는 것이 이 강의의 핵심이었습니다.

과정 강의를 듣고 저와 같은 꿈을 꾸게 되었다고 말하거나, 우리 회사 인턴이 되고 싶다고 찾아오는 경우도 있었습니다. 마음속 깊은 이야기를 털어놓는 메일을 보내주기도 했고요. 내가 전하고 말하고 보여주는 것들에서 무엇을 돌려받게 되는지 생각하게 되는 순간이었습니다.

앞서 강의를 나만이 할 수 있는 이야기로 채워가는 것이 중요하며, 다른 사람을 따라 하는 것은 방법이 될 수 없다고 했습니다. 하지만 캘리그라피 강의를 준비하며 시행착오를 겪고 계실 분들이 참고하실 수 있도록 제 커리큘럼의 특징을 몇 가지 공유하고자 합니다.

하나, 서로를 이해하자.

강의할 때 수강생의 목적이나 원하는 바 등을 파악하지 못하면 수동적인 배움이 되거나, 강의 진행에 있어 혼란을 겪게 될 가능성이 높습니다. 따라서 반드시 강의 서두에 수업 방향을 설명함과 동시에, 수강생의 목적에 대해서도 질문하고 파악해야 합니다

기업 강의는 단시간에 많은 인원을 파악하기 어려우므로 전체적인 분위기를 알아두는 것이 중요합니다. 그래서 사전에 해당 기업의 교육 담당자님께 교육을 받는 인원수, 남녀 성비, 연령대, 강의 주제와 목적, 이전에 진행했던 강의 등에 대해 미리 여쭙습니다.

개인 강의 또는 소규모 강의에서는 판서를 예쁘게 하고 싶어서 찾아온 학교 선생님, 리포트 제목을 멋지게 쓰고 싶다고 찾아온 대학생, 세뱃돈 봉투에 멋진 메시지를 쓰고 싶어 찾아온 나이 지긋한 어르신 등등 매우 다양한 수강생들을 만나게 됩니다. 다양한 연령과 직업의 사람들을 캘리그라피라는 매개로 하나로 묶는 동시에, 각자 자기 목적에 맞는 캘리그라피를 설계해가도록 하려면 강사로서도 열심히 공부할 수밖에 없습니다.

수강생들이 왜 캘리그라피를 배우고자 하는지, 캘리그라피를 배워서 어떻게 사용할 것인지 등의 정보를 갖고 있으면 강의를 이끄는 데 큰 도움이 됩니다. 이때 강사가 수강생을 이해하려 노력하는 태도를 보여주면, 수강생 입장에서도 편하게 자기 이야기를 할 수 있습니다. 수강생의 이야기를 들어주어야 하는 이유는 캘리그라피 수업은 마냥 기술만 가르치고 강사의 글씨를 똑같이 따라 쓰게 하는 것이 아니라, 그 사람에게 맞는 글씨를 디자인하는 것이기 때문입니다. 따라서 수강생에 대해 파악하는 것은 필수입니다.

이를 위해서는 강사 역시 자신의 이야기를 털어놓으며 공감하고 소통하는 관계를 만들어가야 합니다. 저 역시 제 이야기를 서슴지 않고 하는 편입니다. 그렇게 되면, 수강생도 자기 이야기를 편하게 털어놓을 수 있고 수업에 대한 애정도 생기게 되거든요. 실제로 제 수강생 중에는 캘리그라피 수업이 '진짜 나만을 위한 시간' '지금껏 해보지 않았던 새로운 경험' '힐링'이라고 말하며, '행복하고 즐겁다' '기다려진다'고 말씀하시는 분들도 있었습니다. 저는 그게 진짜 캘리그라피라고 생각해요. 지금까지도 이 부분을 잊지 않고 수업을 이끌어오고 있습니다.

둘, 과제를 다양화하자.

과제라니……. 왠지 좀 부담스럽게 느껴집니다. 하지만 수강생의
스타일에 맞춰서 다양한 과제를 내주면 하는 사람 입장에서도
좀 더 즐겁게 할 수 있어요. 제가 즐겨 내는 수업 과제 중 '좋아하
는 노래 들으며 가사 쓰기'가 있습니다. 긴 글 쓰기를 연습할 때
아주 좋은 과제이며, 좋아하는 가사를 쓰기 때문에 어떤 내용보
다 감정을 담기 좋습니다. 또 노래에는 포인트 가사가 있기 마련
이라 글씨의 강약을 조절하는 연습도 할 수 있지요. 하지만 앞서
말했듯 무엇보다 캘리그라피를 즐겁게 할 수 있다는 게 가장 큰
효과이자 매력입니다.

 이러니저러니 해도 강의에 있어 가장 중요한 것은 단연 커리큘
럼입니다. 자신의 커리큘럼에 맞는 자신만의 말들로 강의를 이끌
어갈 때 수강생에게 잘 전달되는 것은 물론, 강사 자신의 만족도
도 커질 것입니다.

4장.

캘리그라퍼,
일의 기쁨과
슬픔을 말하다!

앞서 캘리그라피와 캘리그라퍼의 개념, 제가 캘리그라피 작가가 된 과정, 캘리그라피 작가가 하는 일을 소개했습니다. 이쯤 되면 캘리그라퍼여서 좋은 점과 힘든 점은 무엇인지, 직업의 장단점에 대해 궁금해지셨을 것 같은데요. 이 대목에서 작가 생활을 하며 겪는 일의 기쁨과 슬픔에 대해 이야기해보고 싶습니다.

···· 직업이란 무엇일까요?

오프라 윈프리는 어느 졸업식 축사에서 이렇게 말했다고 합니다. "당신이 좋아하는 일을 할 때 열정이 피어날 것입니다!" 맞는 말이지만, 꿈같은 이야기입니다. 내가 좋아하는 일을 하고, 그 일이

내 직업이 될 수 있다면 정말 행복한 삶이겠지요. 하지만 단순히 내가 좋아하는 일이라고 해서 그 만족도가 오래 지속될 수는 없습니다. 일하는 가운데 발생하는 다양한 어려움들이 일에서 오는 즐거움을 제한하기 때문이죠. 그렇다면 직업은 어떻게 택하는 것이 좋을까요? 일과 직업의 개념부터 생각해보았으면 합니다.

직업의 사전적 정의는 "경제적 소득을 얻거나 사회적 가치를 이루기 위해 참여하는 계속적인 활동"입니다. 좁은 의미로는 '생계를 위하여 하는 일상적인 일' '반드시 보수가 지급되는 일'이라고 할 수 있죠. 직업을 갖는 목적은 생애 목표 달성과 삶의 보람, 국가와 사회의 유지·발전에 이바지하고 싶은 마음, 가장 원초적으로는 생계 유지까지 아주 다양할 것입니다.

그렇다면 '일'과 '직업'은 어떻게 다를까요? 저는 간단하게 다음과 같이 정리해보았습니다.

- 일 : 보수와 별개로 인간이 하는 모든 활동.
- 직업 : 개인이 지속적으로 하는 경제 및 사회 활동.

저는 직업과 일과 생활이 모두 분리되기보다는 하나의 방향성을 갖길 바랐습니다. 세분하여 생각하되, 연결 고리를 마련해야 했지요.

또 내가 이 일을 계획하고 실행하는 목적이 중요하다고 생각했습니다. 사람들은 보통 자신이 하고 싶어 하고, 즐거워하는 일이 직업이 되길 원합니다. 그러나 직업을 선택하는 기준에서 즐거움과 가치 중 어떤 것에 비중을 둘 때 더 오래 그 일을 할 수 있는가에 대한 연구에서, 즐거움을 기준으로 직업을 선택한 사람들이 가치를 기준으로 직업을 택한 사람들보다 더 빠르게 이직을 희망하게 된다는 결과를 확인할 수 있었습니다. 즐거운 일이라고 해서 반드시 오래 할 수 있는 것은 아니며, 열정이 단순히 재미있고 즐거운 일을 할 때만 생겨나는 것은 아님이 밝혀진 셈이지요.

직업에 종사하다 보면 여러 가지 경우의 수를 가진 난관에 봉착하게 됩니다. 직업에서 즐거움만을 찾고자 하는 사람은 어려움을 겪을 때마다 자신의 선택을 의심하며, 금세 다른 길을 찾아 나서게 될 수밖에 없습니다. 직업은 나에게 즐거움뿐 아니라 여러 가지 복합적인 효과를 가져다줄 때 비로소 좋은 결실을 거둘 수 있습니다.

그러니 즐거움 그 이상을 생각한다면 어떨까요. 물론 즐겁지 않은 차원을 넘어서 나에게 극심한 고통을 주는 일이라면 억지로 할 필요까지는 없겠지만, 자신의 직업이 지닌 가치와 내 삶에 주는 여러 가지 긍정적인 효과들을 찾아보는 것이 좋습니다. 저 역시 개인 사업을 하고 있지만, 제가 하고 싶은 일만 하는 것이 아니고, 좋아하는 일이 직업이 되었다고 해서 마냥 즐겁기만 한 것도 아닙니다. 그러니 거듭 강조하는 것은 직업이 나에게 미치는 영향, 나아가 나의 일이 다른 사람과 사회에 미치는 영향까지 복합적으로 생각해보고 직업을 택해야 한다는 것입니다. 다양한 시각으로 질문해보아야 합니다.

···· 끊임없이 내 인생에 질문 던지기

직업을 선택하고 싶다는데 갑자기 스스로에게 질문을 던져보라니 좀 생뚱맞다고 생각하시는 분들도 계실 것 같습니다. 저는 원하는 대학 진학을 실패하고 원하지 않는 공부를 하면서 마치 끌려다니듯 사는 이십 대 초반을 보내야 했습니다. 그때 "어쩔 수 없잖아······"라고 변명하는 저 자신을 발견하게 되었어요.

하지만 그렇게 시간이 흘러 한 살 두 살 나이를 먹고, 책임질 일이 생기고, 사회가 원하는 나의 모습이나 역할상이 점점 뚜렷해져갈 때, 의심하기 시작했습니다. "정말 어쩔 수 없는 걸까?" 어렸을 때 나에게 던졌던 질문을 다시 던져보았어요. "나는 누구인가?" 나이를 먹었어도 여전히 그 질문에 답하기는 쉽지 않더군요. 그래서 몇 가지 질문을 더 해보았어요.

– 내가 원하는 삶은 어떤 것일까.

– 내가 하고 싶은 일은 무엇일까.

– 내가 잘하는 일은 무엇일까.

"나는 내가 잘할 수 없는 일을 하고 있는 것 같아요. 내가 뭘 하고 있는 건지 모르겠어요"라고 주변 선배들에게 물었던 때가 있습니다. 어떤 선배는 "절이 싫으면 중이 떠나는 거야"라고 말했고, 다른 선배는 "남들도 다 그렇게 살아"라고 말했습니다. 두 대답 모두 저의 고민을 더 깊게 만들었지요. "다들 그렇게 산다니, 나 하나쯤 회사에서 사라져도 회사에는 아무 일도 일어나지 않겠구나. 나를 대체할 누군가가 금방 나타나겠지. 나는 그냥 부속품에 불과해"라는 절망적인 생각이 들었거든요.

다른 사람도 다 그렇게 산다고 해서 나도 그렇게 살 수밖에 없는 건지, 내 스스로 다른 삶을 계획할 수는 없는 건지에 대한 고민도 커졌어요. 내가 내 삶을 위해 지금 이 시점에서 무엇을 해야 할지 또는 할 수 있는지 알 수 없었고, 내가 내 삶을 계획하고 선택한다는 것이 얼마나 어려운 일인지 비로소 알게 되었습니다. 그러나 그렇게 멈춰버리거나 어쩔 수 없다고 변명하며 끌려다니기엔 남은 삶이 너무 긴 것 같았어요. 내 소중한 삶이 그렇게 억지로 흘러가도록 놓아둘 수는 없었지요. 내가 너무 아까웠거든요.

이렇게 죽으면 아무것도 남지 않는다는 사실이 무서웠습니다. 저는 죽기 전에 무언가를 남기는 사람이 되고 싶었거든요. 자려고 누웠는데 "나, 이렇게 잠들었다가 다음 날 못 일어나면 어떡하지? 그럼 내 인생 너무 아까워서 어떡하지? 제대로 살아보지도 않았는데…… 나 억울해서 어떡하지?" 하는 생각이 들어 눈을 말똥히 뜬 채 지새우는 밤들이 많아졌어요.

스트레스로 인한 불면증과 위경련에 시달리던 어느 날, 구원처럼 등장한 캘리그라피를 만났습니다. 캘리그라피는 "나만이 할 수 있는 일은 없을까?"라는 고민의 답이 되어주었습니다. 내 생각이 나의 표현 안에 담겨 오직 나만이 쓸 수 있는 글씨. 이 세상에 남기게 될 수많은 나의 작품들. 이내 캘리그라피는 제 삶의 방향키가 되어주었지요.

만일 그때 제가 "다른 사람들도 모두 그렇게 살아"라는 말을 받아들여 "어쩔 수 없잖아" 하며 현실에 안주해버렸다면, 정말 그것밖에 없는지 의심하지 않았다면, 지금의 저는 없었을 것입니다. 결국 나에게 주어지는 자극들을 어떻게 해석할 것인지, 현실의 삶에서 처한 갈등을 어떻게 풀어갈 것인지 스스로에게 끊임없이 질문하고, 질문에 대한 답을 찾기 위해 움직여야 합니다. 스스로 움직이고 계획하는 것은 매우 어려운 일이지만, 그만큼 중요합니다. 동시에 필요한 일이기도 하지요.

쉽게 답이 내려지지 않는 질문들을 안고, 하루하루 아쉬운 삶을 살았던 시절. 사실 저는 그때가 참 싫어요. 하지만 그 시간들이 없었다면 지금의 저도 없었을 것을 알기에 그 시절을 잊지 않으려 합니다.

···· 캘리그라퍼의 기쁨

캘리그라피 작가이자 강사로 일하면서 많은 사건들을 겪었습니다. 지금 와서 돌아보면 "왜 그랬지" 후회되는 것도 있고 "아, 그땐 정말 잘했어"라고 스스로를 칭찬하고 싶은 일들도 있습니다. 그 이야기들을 하나하나 짚어보면서 소개하고자 합니다.

먼저 가장 좋았던 것은 제 삶의 일부분이 된 캘리그라피를 통해 저에게 긍정적인 변화가 많이 일어났다는 점입니다. 제가 강의 때마다 강조하는 부분은 캘리그라피를 생활로 가져오라는 것입니다. 언제 어느 때나 캘리그라피를 사용할 수 있지만, 특히 특별한 순간에 쓰면 더없는 추억이 됩니다. 저 역시 친구에게 보내는 생일 축하 카드, 엄마에게 드리는 용돈 봉투는 물론, 거래처에 등기로 보내는 서류 봉투에도 꼭 받는 이의 이름을 정성스레 써서 보내는데, 우체국 직원분이 항상 놀란 눈으로 직접 쓰신 거냐고 물어보시곤 한답니다.

그러던 중 제 인생에 '빅 이벤트'가 생겼습니다. 그것은 바로 결혼. 평소에 수강생들에게 결혼할 때 꼭 캘리그라피를 활용해라, 엄청난 추억이 될 거다, 라고 신신당부했는데, 정작 제가 안 한다면 말이 안 되겠죠. 우선 손수 그림을 그리고 글씨를 써서 청첩장을 만들었습니다. 수많은 문구를 생각해봤지만, 역시 우리 둘의 이름이 가장 상징적이리라 생각하고, 둘의 이름이 마치 하나인 것처럼 어우러지게 글씨를 썼습니다. 그다음에는 받는 사람의 이름을 썼습니다. 한 분 한 분 진심을 다해 초대하고 싶었기에 특히 정성스럽게 썼습니다. 곧 여기저기 인증 사진이 올라왔어요. 이제까지 청첩장을 받고 이렇게 감동한 적이 없었다며 하나같이 칭찬일색이었지요. 정성이 담긴 초대의 마음이 모두에게 잘 닿았나 봅니다.

결혼식장에는 남편이 이벤트에 사용했던 노래의 가사를 적은 플래카드와 제가 지은 시조 형식의 글로 만든 포스터를 곳곳에 걸어놓았습니다. 야외 결혼이었는데, 마침 날씨도 너무 좋았기 때문에 모든 풍경이 환상적이었지요. 그 포스터와 플래카드는 지금까지도 우리 집에 고이고이 모셔두고 있습니다. 나중에 우리 아들딸이 태어나거든 보여주려고요.

캘리그라피는 내 인생의 가장 중요한 지점에서 소중한 추억을 만들어주었습니다. 다른 사람은 모르는 우리만의 이야기를 내 손으로 쓴 글씨로 표현할 수 있었던 추억은 오래도록 잊히지 않을 것입니다. 감사한 일이지요.

　두 번째로 좋은 점은 다양한 사람들을 많이 만날 수 있다는 것입니다. 저는 이십 대 때부터 사업을 시작했기 때문에 저를 초빙하는 교육 담당자부터 캘리그라피를 의뢰하는 중견기업 대표님, 정부 부처 관계자, 기자, 방송 작가, 강연을 부탁하는 고등학생과 대학생, 다양한 분야의 디자이너와 아티스트 등 많은 사람들을 만나게 되었습니다. 그리고 그 모든 만남들이 저를 성장하게 했습니다.
　저는 원래 새로운 사람을 만나고 다양한 사람들의 세계를 직간접적으로 경험하는 것을 좋아했는데, 캘리그라퍼 일은 많은 사람들을 만나며 나의 디자인은 물론 내 세계를 넓히는 데도 적잖이 도움을 주었습니다. 가령 요리하는 사람들을 만나 파티를 열고, 파티 프로그램 중 하나로 캘리그라피 퍼포먼스를 진행했는데, 나중에 그 파티에 참석했던 다른 사람으로부터 또 다른 파티에 초대되고 다시 새로운 사람을 만나게 되는 일이 이어지기도 했습니다. 재미있었어요.
　이런 네트워킹 파티는 향후 자연스럽게 일로 이어지기도 했습니다. 물론 처음부터 일로 연결해보려는 목적을 가지고 접근했던

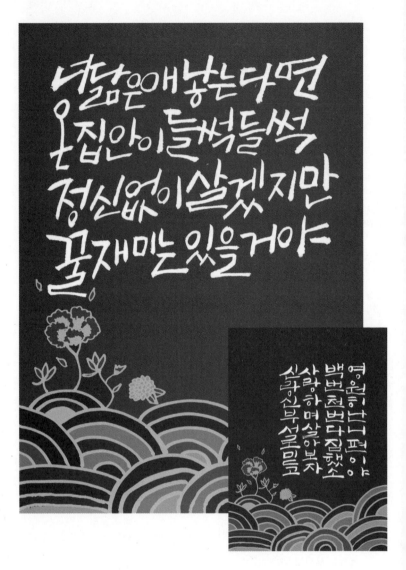

▸ 결혼식 때 전시했던 포스터입니다.
오신 분들이 재밌게 봐주셨어요. 좋은 추억이 되었습니다.

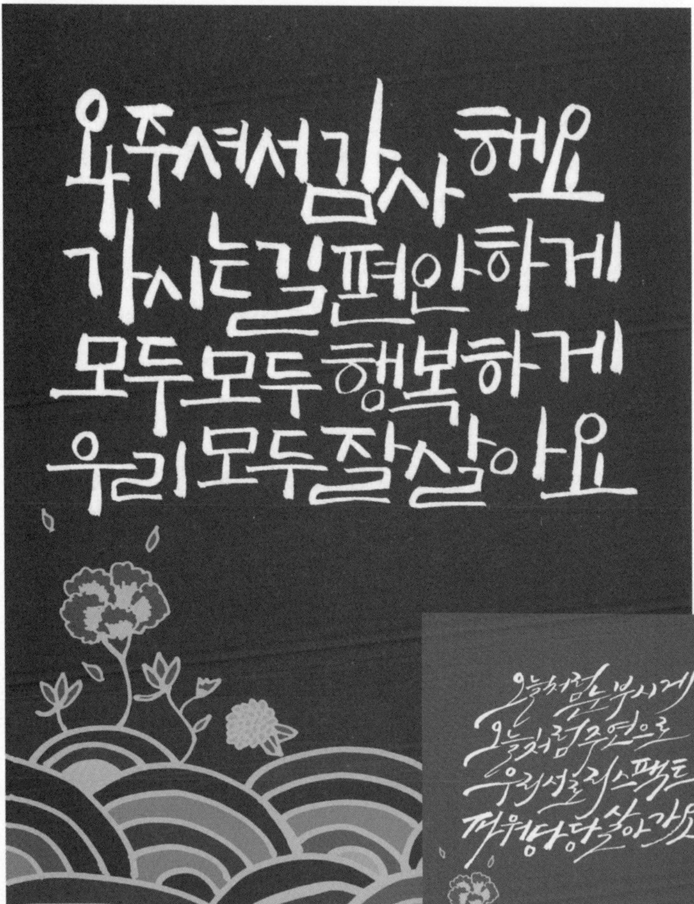

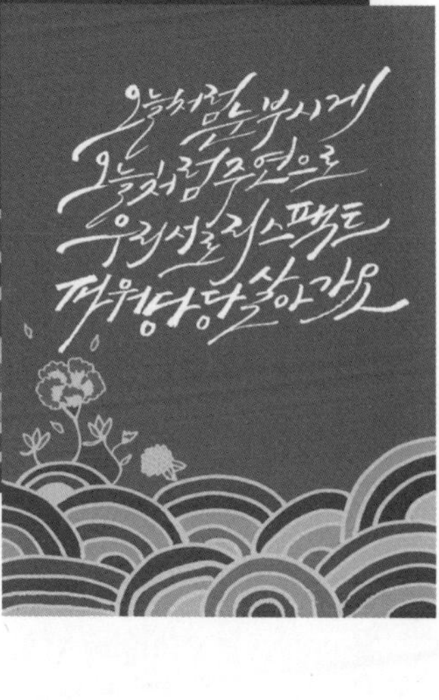

것은 아닙니다. 그저 사람과 사람을 잇는, 또는 새로운 일과 나의 일을 연결하는 장을 만들고자 했던 것이라고 말하고 싶습니다.

음악 하는 사람들을 만나서 이야기 나누고, 앨범 자켓에 쓰일 캘리그라피를 쓰기도 했습니다. 연극하는 사람들을 만나서 작품 이야기를 듣고, 작품의 타이틀을 쓰거나 소품을 제작하는 일도 해봤고요. 그 모든 일들이 매우 새로웠습니다. 내 글씨를 다양한 방법으로 활용할 수 있다는 것이 재미있었고, 여러 분야에 종사하는 사람들이 내 캘리그라피를 사용한다는 것에 감동했지요.

제가 이렇게 많은 사람들과 관계 맺을 수 있었던 것은 마음이 담긴 글씨를 쓰고 읽으며 감동할 수 있는 캘리그라피의 강점 덕분이었다고 생각합니다. 그런 점에서 상대방에게 나를 기억시키기 위해 제가 즐겨 사용하는 방법 중 하나가 처음 만나는 자리에서 캘리그라피로 인사하는 것입니다. 명함에 상대방에게 전하는 메시지를 써서 드리고, 많이 가까워졌다 싶을 때는 손등에 써주기도 해요. 그러면 감동받고 저를 인상 깊게 기억해주시더라고요. 오랜 시간이 지났는데도 저를 잊지 않고 찾아오시는 분들도 계십니다. 감동적인 일이죠.

인간관계는 사업에서는 물론 삶에 있어서도 아주 중요한 부분입니다. 자주 만나지 못하더라도 이따금 주변 사람들에게 안부를 묻고, SNS로 끊임없이 나의 소식을 전하는 것도 그런 까닭입니다.

▸ TED 강연 사진.

이 글을 읽는 여러분 또한 작은 인연이라도 절대 허투루 여기지 않으셨으면 좋겠습니다. 제가 사업하면서 크게 느낀 것 중 하나가 다시 안 만날 것 같은 사람도 꼭 다시 만날 일이 생긴다는 것이었습니다.

제가 만났던 사람들이 저에게 긍정적인 영향을 주었듯이, 제가 전한 캘리그라피와 이야기, 가르침과 경험 역시 다른 누군가에게 유익하게 작용하기를 바랍니다.

제가 가진 달란트로 많은 사람들에게 기쁨과 도움을 줄 수 있다면 이보다 좋은 일이 또 있을까요? 저에게 일은 결코 단순히

'돈'이 아니었습니다. 생활이자 삶이었지요. 그래서 제가 오늘도 살아갈 힘과 이유를 얻을 수 있는 것 같습니다. 여러분도 감사와 성취감을 느낄 수 있는 나만의 일을 꼭 찾으시기를 응원합니다.

···· 스스로 내 디자인을 인정받아야 한다

앞서도 언급했지만, 솔직히 캘리그라피는 미술로도, 서예로도 인정받지 못하는 이단아 같은 존재일지 모른다고 생각했을 때가 있었습니다. 하지만 캘리그라피는 아주 훌륭한 에너지를 가지고 있습니다. 글씨에 생각과 감정을 담아 전하는 일이니까요.

캘리그라피를 보고 느끼는 사람 모두가 "캘리그라피란 이런 것이다" 또는 "이렇게 쓰는 것이 좋다"와 같은 선입견에서 벗어나셨으면 좋겠습니다. 정해진 것은 없으니까요. 실제로 저는 캘리그라피의 가장 뛰어난 강점은 다양성이라고 생각합니다. 글씨에 대한 고정관념을 깨고 담고 싶은 것을 담을 수 있는 것이 캘리그라피입니다.

따라서 캘리그라퍼는 작품에 생각과 철학을 담아내는 것은 물론, 그것을 설명할 수도 있어야 합니다. 단순히 '멋지게' '예쁘게' '귀엽게'의 차원을 벗어나서 개성 있는 글씨 형태와 모양을 갖추고 그 의미를 설명함으로써 자신의 디자인을 인정받아야 합니다.

한글이 보편화되어 있고 재료 역시 익숙하다고 해서, 캘리그라피가 단순한 장르인 것은 아닙니다. 쉽게 시작할 수는 있어도 깊이를 더하거나 온전히 자신의 것으로 만드는 일은 결코 쉽지 않습니다. 디자이너 자신이 먼저 그 사실을 알고 있어야 해요. 자기 작품이 얼마나 가치 있고 위대하고 멋진 것인지 확신하고 있어야만, 보는 사람들에게도 그 가치를 제대로 전할 수 있습니다.

···· 디자인 무단 사용은 범죄입니다

약 팔 년 전, 캘리그라피를 시작한 지 얼마 안 되었을 때의 일입니다. 하루는 작은 엽서에 캘리그라피를 써주는 야외 행사를 하고 있었어요. 그런데 어느 남자분이 다가와 '○○마녀'라고 써달라고 하는 것이 아니겠어요. 아무리 봐도 상호인 것 같아서 정중하게 거절했습니다. 그 행사는 개인에게 메시지를 써주는 행사였기에, 상호는 별도로 작업료를 지불하고 정식으로 의뢰하시라고 권유했지요.

하지만 그분은 그게 아니라 아는 누나에게 선물하려는 것이라며 계속 요청하셨어요. 그래서 선물 용도로만 사용하시고, 상업적으로 사용하지는 마시라고 약속을 받고는 글씨를 써드렸습니다. 동시에 사진을 찍어두었어요. 만약의 경우를 대비해서 우려가 되는 작품들은 종종 사진을 찍어두곤 했거든요. 그렇게 마음을 놓았지요.

그리고 몇 년 후, 지인과 약속이 있어서 낯선 지역에 가게 되었는데 저 멀리 제 글씨가 보였습니다.

'마녀○○.'

멀리서 봐도 내 글씨라는 것을 확연히 알아볼 수 있었기에, 너무 놀라 당장 그 가게로 달려갔죠. 아르바이트생에게 어떻게 제 글씨를 간판 및 인테리어에 사용하고 계신 건지 사장님을 뵙고 여쭙고 싶다고 했더니, 사장님은 안 계신다며 매니저라는 분이 나왔습니다. 그분은 몇 년 전 저에게 '○○마녀'라는 글씨를 받아 갔던 사람이었어요.

만에 하나 내가 착각한 것일 수도 있으니 우선 자초지종을 들어보자 생각하고 차분히 물었습니다. 그러자 그분은 저 글씨는 간판업자, 인테리어업자에게 받은 것이기에 본인은 모르는 일이라며 발뺌하시는 게 아니겠어요. 그래서 직접 알아보겠다며 간판업자 연락처를 요청했지요. 하지만 며칠이 지나도 알려주시지 않았고, 자꾸만 제 전화를 피하는 모습에 의심은 점점 확신으로 변해갔습니다.

몇 차례에 걸친 시도 끝에 겨우 연결된 전화. 사장이라는 분은 오히려 저에게 화를 내셨어요. 왜 자꾸 귀찮게 하냐며, 지금 영업을 방해하고 있는 것이라면서요. 세상 살다 살다 이렇게 나쁜 사람들이 있나…… 답답하고 억장이 무너졌지요. 너무 억울하고 속상해서 전화를 끊자마자 변호사를 찾아갔습니다. 당시 겨우 이십 대, 법원 앞에도 가본 적 없던 제가, 변호사를 찾아가 고소라는 걸 진행하게 된 것입니다. 생각할수록 억울하고 기가 막혔어요.

저작권 전문이라는 변호사님은 충분히 고소가 성립할 것이라고 설명해주셨습니다. 하지만 몇 달간 마음 졸이고, 정보를 얻기 위해 발품을 팔고, 변호사 비용까지 들이며 고대했던 결과는 처참했습니다.

기각.

문제의 업체는 제가 자신들의 간판을 따라 쓰고는 고의적으로 고소한 것이라고 주장했어요. 이로 인해 생업에 많은 피해를 입었다고도……. 하지만 저에게 '○○마녀'라고 써달라고 하고는 어순만 바꿔서 '마녀○○'이라고 사용하고 있었다는 것을 보면, 정말 처음부터 고의적이었다고밖에 생각할 수 없었어요. 법정 공방 중 업체는 간판과 인테리어에 사용한 글씨를 다른 글씨로 바꾸었고, 법원은 내 글씨라는 것을 증명하기 어렵고, 업체가 간판을 이미 내렸다는 이유로 고소를 기각했습니다.

지금 생각해도 기가 막힙니다. 거짓말이 이긴 셈이었으니까요. 당시 저는 금전적 피해를 입은 것은 물론 정신적으로도 엄청난 고통을 받았습니다. 내 글씨인데, 사진도 있고, 지금 당장 써보라고 해도 쓸 수 있는데 증명할 수 없다니. 아무것도 하기 싫고, 할 수 없는 무기력증이 찾아와 매일같이 울어야 했어요. 그때의 경험으로 조금이라도 더 성장한 것이라고 합리화라도 하고 싶지만, 지금 생각해도 겪지 않으면 좋았을걸, 싶은 경험입니다.

당시 저는 너무나 어설프고 순진했습니다. 내가 진실을 말하고 있으니 당연히 이길 거라 생각했으니까요. 만약 지금 또다시 그와 같은 문제가 일어나면 다르게 대처할 것입니다. 지금은 그때에 비해 디자인 및 저작권 관련 법이 많이 진보하기도 했고요.

디자이너 여러분들 항상 조심하셔야 합니다. 언제 어디서 어떻게 도용당할지 알 수 없거든요. 그 일을 겪은 뒤 저는 책을 내는 등 "이 글씨는 허수연의 글씨다"라고 입증할 수 있을 만한 근거들을 남겨두기 위해 노력했습니다. 실제로 그 이후 길에서 제 글씨를 보면 "이거 수연 씨 글씨인가요?" "이거 선생님 글씨죠?"라고 제보해주시는 분들이 계세요.

그래서인지 다행히 도용이나 무단 사용은 없었지만, 혹시나 해서 한 번 더 경고합니다. 저를 포함해서 누군가의 디자인을 허락

없이 사용하고 있다면 당장 멈추세요. 쉽게 쓰는 것 같지만 기술이 들어간 것은 물론, 수많은 연습과 노력 끝에 얻어진 글씨입니다. 무단 도용이 얼마나 중대한 범죄인지 아시길 바랍니다.

더는 저와 같은 일로 상처받는 분들이 생기지 않도록 우리 사회의 디자인에 대한 인식과 사용, 법과 질서 등이 더욱 성숙해지길 바랍니다.

.... 좋아하는 일이 '일'이 되지 않으려면 꾸준함이 중요하다

캘리그라피가 취미에서 직업이 되면서 변화가 있었습니다. 여전히 캘리그라피를 쓰고 디자인하는 것은 즐겁고 행복했지만, 어느 순간 일할 때만 글씨를 쓰는 나를 발견하게 된 것입니다. 두려워졌습니다. 일과 생활이 하나 된 삶을 꿈꾸었던 내가 일을 할 때만 캘리그라피를 하고 있다는 사실이 염려되었습니다. 그래서 자연스럽게 캘리그라피를 내 생활로 가져올 수 있는 방법을 고민했습니다.

그래서 시작한 것이 '일간 허수연'이었습니다. 매일매일 생각나는 것, 보고 들은 것 들 중 전하고 싶은 것을 골라 캘리그라피로 쓰는 것인데요. 매월 곡을 발표하겠다고 선언했던 뮤지션 윤종신

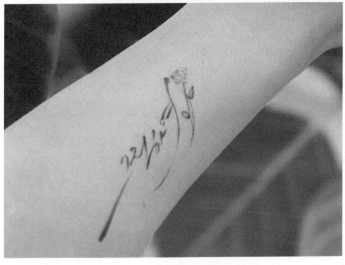

▸ 언제 어디서나 쉽게 캘리그라피를 하기 위해
  손등이나 팔목에 글씨를 썼습니다.

씨의 움직임에 공감하여 시작한 일이었습니다.

하지만 처음엔 쉽지 않았습니다. 우선 일정한 작업 시간을 정해두기가 어려웠어요. 제 일은 출퇴근 시간이 따로 정해져 있지 않은 데다, 순간순간 떠오르는 말과 글을 나중에 캘리그라피로 옮기려고 보면 이미 잊어버린 뒤일 때가 많았기 때문입니다. 그래서 일간 허수연 초반에는 손등에 글씨를 썼습니다. 항상 붓펜을 가방에 넣고 다니기 때문에 언제 어디서나 쉽게 쓸 수 있으리라고 생각했지요. 내 생각이 손에 새겨진다는 점도 참 매력적이었습니다. 제 손등에 쓰인 글씨를 보고 재미있어하는 사람들이 하나둘 늘어나며 그것이 캘리그라피 작가로서 저의 트레이드 마크처럼 작용하기도 했지요.

그러다 조금 더 새로운 것들을 해보자, 하며 여러 가지 시도를 했습니다. 그 시도에 대해 소개하겠습니다.

하나, 도구를 배경으로 활용한다.

보는 이가 친근감을 느낄 수 있게끔 노트에 캘리그라피를 쓰고 사용한 펜과 함께 사진으로 남겼습니다. 쓸 때마다 다양한 노트와 도구를 사용했는데, 그것들이 그 순간을 보여주는 배경으로 남아주었습니다.

▹ 도구를 배경으로 활용한 캘리그라피 작품 사진들.

둘, 다양한 주제를 다룬다.

제 캘리그라피를 감상하는 사람들로부터 자주 듣는 말이 있습니다. "다양한 분야에 관심이 많으시군요." "재미있는 표현이 많아요." "글씨가 식상하지 않아요." 주제가 다양하기 때문입니다. 누구나 생활 속에서 쉽게 여러 가지 주제를 얻을 수 있어요. 오늘 아침에 본 뉴스 기사나 오며 가며 만난 사람이 건넨 말이 주제가 될 수도 있고, 심지어 가만히 앉아 있다가 떠오른 생각이 좋은 문구가 될 수도 있지요. 그야말로 '일간 허수연'인 것입니다. 주제에 따라 표현 기법도 달라지기 때문에 글씨가 식상해지는 것도 자연스럽게 피할 수 있습니다.

일간 허수연을 통해 제 머릿속과 마음속에 있는 모든 이야기가 일기처럼 캘리그라피로 남게 되었습니다. 이는 나를 돌아볼 수 있는 중요한 기록이 되어주었습니다. 작가에게 일상을 작품으로 기록할 수 있다는 것은 언제나 흥미로운 일입니다. 이외에도 일간 허수연은 홍보에도 큰 도움이 되었고, 매일 SNS를 통해 제 작품과 생활을 지켜봐주시는 사람들과 자연스러운 교류가 이루어지기도 했습니다. 무엇보다 나의 일을 생활에서도 누릴 수 있게 됨으로써, 일에 대한 만족도도 높아졌습니다.

my House

허슈집 내집

내년엔 엄마가둬어보려고요
데헷 ♪ ☺

나눈한그릇에 먹는게좋은덜..

▸ 엉망징창허주부.

셋, 이미지 편집 어플리케이션을 활용한다.

요즘은 이미지를 멋지게 편집할 수 있는 어플리케이션이 많이 있습니다. 그래서 캘리그라피를 쓰고, 어플리케이션을 이용해 색과 배경, 스타일을 전환해보기도 하였습니다. 문구에 담긴 이야기도 중요하지만, 배경 역시 재미를 줄 수 있는 요소니까요. 저 역시 쉽고 빠르게 다양한 변화들을 적용해볼 수 있었기 때문에 새롭고 재미있었어요. 그 과정에서 캘리그라피에 대한 아이디어를 얻기도 했고요.

이 모든 것이 가능할 수 있었던 것은 '꾸준함' 덕분입니다. 또한 여기서 한 가지 더 제가 굉장히 중요하게 생각했던 부분이 '자기 발견'입니다. 자신이 어떤 상황에 있고, 어떤 경험들 속에서 어떤 생각을 하는지 스스로 인식하는 것이 중요해요. 저는 최근 '엉망 징창허주부'라는 코너를 새롭게 열었는데요. 결혼하고 주부가 되면서 겪는 해프닝을 그림일기 형식으로 게재하고 있어요. 생활 속에서 발견한 저의 모습을 솔직하게 담아내다 보니 많은 주부님들이 공감하고 흥미를 가져주시는 등 반응이 뜨겁습니다. 그리고 무엇보다 저 스스로가 가장 즐거워요.

어플리케이션으로 캘리그라피 이미지 만들기

요즘에는 간단하게 사진과 캘리그라피를 편집하여 멋진 이미지를 만들 수 있는 어플리케이션들이 많이 출시되어 있습니다. 여기서는 그 사용 방법을 직접 보여드리려고 합니다. 저는 '감성공장'이라는 어플리케이션을 사용했습니다.

① 배경 사진을 준비합니다.

② 배경 사진에 넣을 캘리그라피를 이미지 파일로 준비합니다. 흰 종이에 캘리그라피를 쓰고 그림자가 생기지 않게 사진을 찍거나 스캔 어플리케이션을 활용합니다.

③ 'Select Photo'와 'Select Calligraphy' 아이콘을 눌러 배경 사진과 캘리그라피 이미지를 각각 업로드합니다.

④ 생성된 이미지를 확인합니다. 캘리그라피의 색상과 불투명도, 크기와 위치 등을 적절히 편집한 후, 휴대폰 갤러리에 저장합니다.

 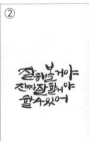  

▷ 어플리케이션을 통해 완성한 캘리그라피 이미지 예시.

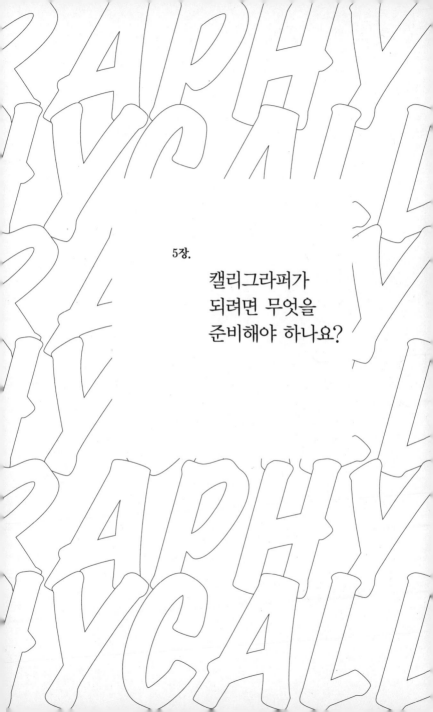

5장.

캘리그라퍼가
되려면 무엇을
준비해야 하나요?

.... 캘리그라피, 독학했습니다

처음 캘리그라피를 접하고 인터넷에 검색해보았을 때 "아름다운 손글씨"라는 정의를 확인할 수 있었지만 사실 별로 와닿지 않았습니다. 캘리그라피는 주관적이고 고유한 것이라는 생각이 들었거든요. 자신의 감정을 입혀 나만의 글씨를 쓴다는 것 자체가 하나의 '디자인'이니까요. 그때 큰 깨달음을 얻었습니다. 그래서 독학을 결심하고 연습을 시작했지요.

하지만 다른 작가들의 작품을 참고하려 하지는 않았는데, 그건 지금도 마찬가지입니다. 경우에 따라 저의 캘리그라피와 다른 캘리그라피의 차별점에 대해 물어보시는 분들이 있는데, 저에겐 굉장히 어려운 질문입니다.

왜냐면 일단 저는 캘리그라피에 대한 철학이 강한 편이거든요. 캘리그라피는 나만의 고유한 무언가라고 생각하기 때문에 다른 글씨를 보고 따라 하는 데서 크게 매력을 느끼지 못했습니다. 물론 다수가 좋다고 하는 '대세'에 편승할 수도 있겠지만, 그것은 나라는 작가의 정체성을 제대로 보여줄 수 없다 판단하였고, 나만의 무언가를 갖고 있어야 작가로서 오래 활동할 수 있을 거라 믿었습니다.

캘리그라피에 대해 흔히 가지고 있는 선입견을 깨고 싶은 마음도 컸습니다. 많은 사람들이 캘리그라피, 하면 하나의 스타일이나 느낌으로 인지해버리거든요. 개인의 생각이기 때문에 맞다, 틀리다 할 수는 없지만, 상당히 아쉬운 부분입니다. 캘리그라피에 대한 고정관념이 작가의 활동을 제한할 수도 있기 때문입니다.

그러나 이것은 그저 저 개인의 방법일 뿐입니다. 오히려 캘리그라피를 처음 시작하는 분들에게는 저명한 작가들의 캘리그라피를 많이 보라고 말하기도 합니다. 그래야 시야를 넓힐 수 있다고요. 결국 무엇이 맞다, 틀리다, 단언할 수는 없을 것 같습니다. 여러분도 여러분만의 방법을 경험을 통해 직접 발견해보시기 바랍니다.

독학을 마음먹고 평소 사용하던 볼펜 대신 붓을 잡았습니다. 여러 굵기의 서예 붓은 다양한 선과 모양을 표현할 수 있도록 해주었지요. 언제 어디서나 연습하고 선물할 수 있도록 붓펜도 챙겨 다니며 사용했어요. 크레파스나 마카도 재미있는 도구가 되어주었습니다. 어렸을 때 많이 쓰던 연필도 사용해보았어요. 때로는 나뭇가지에 먹물을 묻혀 쓰는 등 도구에 제한을 두지 않고, 다양하게 써 내려가면서 어떤 느낌에 어떤 글씨가 어울리는지 연구했지요. 다양한 도구를 사용해보는 것이 중요해요. 자세한 도구별 특징은 뒤에서 설명하겠습니다.

우리가 쓰는 한글이 어떻게 형성되어 있는지도 공부했습니다. 자음과 모음의 구성 이유, 한글을 창제할 때의 목적과 설계 과정 등을 공부했지요. 그 과정에서 엄청난 자극과 감동을 받았습니다. 그 감동이 제가 하고자 하는 일에 대한 자긍심도 고취해주었어요. 그렇게 여러 가지 형태의 자음과 모음의 모양을 설계했습니다. 같은 단어를 자음의 모양만 다르게 하여 수십 번 연습해보기도 했지요. 이런 모양도 리을이 될 수 있구나, 이렇게 쓰면 이런 느낌이 나는구나, 사용하는 선에 따라 글씨에서 느껴지는 감정이 이렇게 달라지는구나를 많은 시행착오와 다양한 시도를 통해 알게 되었지요. (제가 연습한 과정은 뒤에 자세히 차근차근 설명해보도록 하겠습니다.) 어쩌면 지금 저의 글씨가 이렇게 다양하고 독특한 특

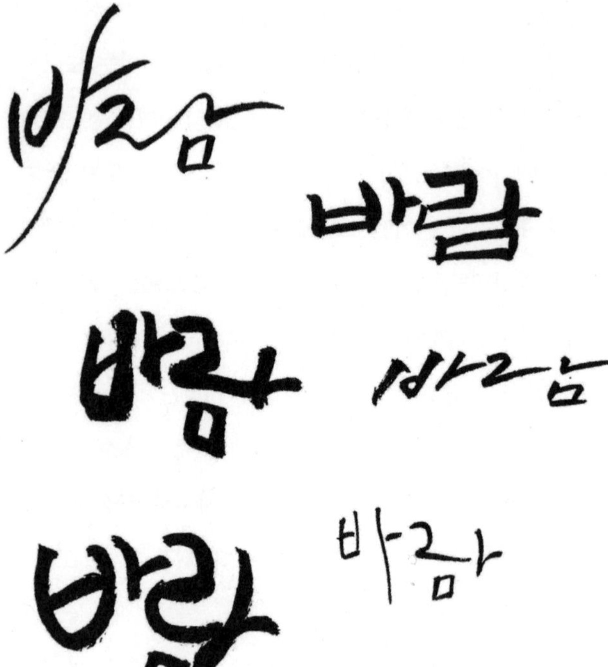

바람

바람

바람

바람

바람

바람

▹ 다양한 쓰임에 따라 자음과 모음의 모양, 획의 길이와 굵기 등에 변화를 주면
캘리그라피의 분위기 자체가 달라집니다.

징을 갖는 것은 한글의 구성과 매력을 배우고 익혔던 시간들, 그 속에서 얻었던 감동이 있었기 때문이 아닐까 싶습니다.

… 어떤 도구를 사용해야 하나요?

훌륭한 장인은 연장을 따지지 않는다는 말도 있지만, 캘리그라피에 있어 도구는 아주 중요합니다. 어떤 도구를 사용하느냐에 따라 글씨의 느낌이 완전히 달라지거든요. 따라서 훌륭한 캘리그라퍼는 용도에 맞는 도구를 선택할 줄 알아야 합니다. 이 대목에서는 제가 도구를 탐색하는 과정 중에 얻게 된 정보를 안내하고 싶습니다. 참고하여 경험해보시고 선택하시기를 권해봅니다.

하나, 서예 붓과 먹물.

서예 붓은 누구나 초등학교 때 한 번쯤 사용해본 경험을 갖고 있을 정도로, 친숙한 도구입니다. 캘리그라피 하면 생각나는 가장 일반적인 도구이자, 제가 처음 사용한 도구이기도 합니다. 서예 붓과 먹물의 장점은 다양한 선을 표현할 수 있다는 것, 먹물의 농도를

▷ 그림 그리는 붓과 글씨 쓰는 붓이 따로 있으니 용도를 확인해야 합니다.

조절하여 자연스럽게 표현할 수 있다는 것입니다. 큰 작품 또는 자연스러운 선, 다양한 선을 표현하고자 한다면 서예 붓과 먹물을 추천합니다.

둘, 붓펜.

서예 붓은 장점이 많지만, 다루기 어렵고 먹물이 튀기 쉬운데, 일단 한 번 묻은 먹물은 잘 지워지지 않는다는 단점이 있었습니다. 공간의 제약도 컸지요. 아무 데서나 편하게 글씨를 쓰기는 어려웠거든요. 붓을 관리하는 것 역시 까다로웠기 때문에 자주 사용하기 불편했지요. 그래서 찾은 것이 붓펜입니다. 붓펜은 사용이 편리하다는 것이 강점입니다. 가방 속에 쏙 넣고 다니다가 필요할 때 언제 어디서나 사용할 수 있어요.

▶ 제가 특히 추천하는 모델은 PENTEL GFKP 붓펜입니다. 펜 본체에 잉크 카트리지를 끼워 사용하시면 됩니다. 리필 잉크 카트리지가 함께 들어 있는데, 다 사용하면 별도로 구매할 수도 있습니다.

그러나, 붓펜을 선택할 때 주의해야 할 사항이 있습니다. 같은 붓펜이어도 촉이 붓모가 아니라 스펀지로 된 것이 있거든요. 용도에 따라 다양하게 사용할 수 있겠지만, 서예 붓과 흡사한 느낌을 원한다면 붓모가 있는 붓펜을 추천합니다. 그래야 글씨를 쓸 때 획의 굵기 조절과 스침 및 번짐 표현 등이 용이해요.

저 역시 붓모가 있는 붓펜을 가방 속에 넣고 다녔습니다. 모양은 서예 붓과 거의 흡사한데 갖고 다니기에 용이했고, 리필 잉크 카트리지를 교체해서 사용하는 방식이었기 때문에 간편했지요. 즉석에서 글씨를 써야 할 때 또는 갑자기 선물을 하고 싶을 때 가방 속에서 바로 꺼내 사용할 수 있다는 점, 붓의 멋을 잘 표현할 수 있는 도구라는 특성 때문에 붓펜을 애용하게 되었습니다. 지금까지도 붓펜은 제가 항상 갖고 다니는 소장품이며, 강의할 때도 적극 추천하는 도구입니다.

셋, 캘리그라피펜.

보통 '캘리그라피펜'이라고 하면 붓펜을 생각하지만, 캘리그라피펜의 펜촉은 납작합니다. 화방에 가서 "캘리그라피펜 주세요" 하면 이 펜을 줄 가능성이 높지요. 납작한 펜촉의 넓은 면과 얇은 면을 적절히 활용하여 쓰는데, 영문을 쓸 때 잘 어울리기 때문에 해외 아티스트들이 즐겨 쓰는 펜이기도 합니다. 귀여운 스타일의 캘리그라피 표현에도 잘 어울리고요. 색깔이 다양하다는 점도 강점입니다.

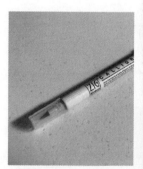

▹ 펜촉의 굵은 면과 얇은 면을 교차하며 사용하면 매력적인 캘리그라피를 완성할 수 있어요.

넷, 크레파스, 색연필, 연필, 마카.

이외에도 제 연필꽂이를 살펴보면 다양한 도구들이 있는데요. 도구를 다양하게 구비하고 있어야, 내 글씨와 어울리는 표현을 찾아 여러 가지 시도를 해볼 수 있기 때문입니다. 그래서 처음엔 무조건 다양한 도구를 써보면서 자신의 글씨와 어울리는 도구를 찾아가시기를 권합니다.

　반드시 고가 브랜드의 도구들을 사용해야 좋은 글씨를 쓸 수 있는 것은 아니며, 우리에게 친숙하고 쉽게 구할 수 있는 크레파스나 색연필도 좋은 도구가 될 수 있습니다. 크레파스는 귀엽고 투박한 글씨, 또는 강하고 거친 글씨를 표현할 때 유용합니다. 색연필은 사용이 편리하고 색상이 다양하다는 것이 큰 장점이고요. 연필은 가냘프고 슬픈 이미지를 표현할 때 적합합니다. 그래서 저는 '겨울'이나 '외로움' 등의 주제를 표현하고 싶을 때는 연필을 자

주 사용해요. 마카 역시 우리에게 친숙한 도구인데, 또박또박 쓴 글씨, 스치는 글씨 모두 표현할 수 있어요. 이상의 도구들은 우리에게 친숙하고, 사용이 편리하다는 점에서 자신의 스타일에 맞게 사용하면 아주 좋은 도구가 되어줄 것입니다.

다섯, 의외의 도구를 활용해보자.

마지막으로 꼭 시중에 나와 있는 '필기도
구'가 아니더라도 여러 가지 도구를 활용해
보시기를 추천해드리고 싶습니다. 예상외의
발견을 하게 될 수도 있어요. 가령 칫솔은
아주 독특한 획을 표현할 수 있습니다. 먹
물을 묻혀 글씨를 써보면 의외의 선들이 생
기거든요. 대형 작품을 만들 때 적합하지요. 그 외에도 나뭇가지
는 슬픈 느낌, 손가락은 특이한 농도를 표현할 수 있습니다.

주변을 둘러보다 "이걸로 글씨를 써보면 어떨까?" 하는 생각이
든다면 주저하지 말고 시도해보세요! 어쩌면 나만의 독특한 글씨
를 얻을 수 있는 것은 물론, 표현의 새로운 패러다임을 발견할 수
도 있습니다.

···· **캘리그라피 연습의 단계들**

여러 가지 도구들을 사용해봤다면, 자신의 글씨에 가장 잘 어울
리는 '메인 도구'를 선택합니다. 물론 캘리그라피는 여러 가지 감
정을 표현하는 장르이기 때문에, 경우에 따라 다양한 도구를 선

▹ **캘리그라피 시연.**

택할 수 있습니다. 그러나 주로 사용하는 도구를 정해둔다면 자기 글씨의 모델을 만드는 데 용이할 것입니다. 저는 붓펜을 메인 도구로 선택했는데요. 언제 어디서나 편하게 쓸 수 있다는 장점이 있고, 붓의 탄력을 이용하여 다양한 굵기와 모양의 획을 표현할 수 있다는 점에서였습니다.

　그럼 지금부터는 저의 연습 과정을 단계별로 살펴보도록 하겠습니다.

① 문구 찾기.

캘리그라피는 내가 좋아하거나 공감할 수 있는 문구를 쓰거나, 선물하기 위해 상대방에게 전하고 싶은 메시지를 쓸 때 잘할 수 있다고 생각합니다. '캘리그라피=감정'이라는 철학 때문입니다. 스스로 공감하고 마음을 기울일 수 없다면 감정을 담을 수 없겠지요.

　평소 시를 좋아하는 저는, 시구들로 캘리그라피를 시작했습니다. 서점에 가서 낯선 책을 집어 들고 읽다 보면 감명 깊거나 익살맞게 다가오는 문구들이 있기 마련이었지요. 텔레비전 광고나 드라마에 나오는 대사도 좋았습니다. 그것들을 메모하고 수집하기 시작했어요. 그리고 틈나는 대로 캘리그라피로 남겼지요.

② 글씨체 만들기.

문구를 찾았다면 그와 어울리는 글씨체가 필요합니다. 아무리 좋은 문구를 찾아도 제대로 표현하지 못한다면 캘리그라피의 매력을 살릴 수 없습니다. 잘 표현되지 않은 캘리그라피는 감동을 줄 수 없는 것은 물론, 일반 손글씨와의 차별점도 가질 수 없습니다.

　캘리그라피는 감정이 제대로 담겼을 때 효과적인데, 감정마다 필요한 획과 표현이 다르기에 다양한 글씨체가 필요하지요. 한 가지 글씨체로 모든 문구를 표현하려 한다면 작가로서 발전할 수 없습니다. 결국 다양한 표현 기법을 얻기 위한 시도가 필수입니다.

③ 어디에 쓸 것인지 고민하기.

문구와 글씨체를 선택했다면 어디에 쓸 것인지 고민해야 합니다.

노트, 엽서, 화선지 등……. 캘리그라피는 어디에 쓰느냐에 따라 표현을 달리하는 것만큼 느낌이 다양해집니다. 도구의 색감과 질감, 굵기 등을 고려하여 어디에 쓸 것인지 선택해보세요. 배경 역시 캘리그라피의 요소 중 하나입니다.

④ 그림 요소 추가해보기.

열심히 글씨를 썼는데도 뭔가 심심하고 아쉽다면 그림을 그려보는 것을 추천합니다. 잘 그리는 것보다 글씨의 내용을 함축적으로 설명해주는 것이 더 중요해요. 따라서 반드시 미술 학원에서 정식으로 그림을 배워야 하는 것은 아니며, 블로그나 유튜브 등을 통해 그림 그리는 방식을 간단히 배우기만 해도 좋습니다. 간단한 그림도 캘리그라피와 함께라면 더욱 풍성해지거든요.

···· 나만의 글씨를 설계할 때 필요한 자세

'글씨체를 만든다' '글씨를 설계한다'라는 말이 영 생소하고 멀게 느껴지는 분들도 있을 것 같습니다. 저 역시 그랬으니까요. 처음 캘리그라피에 관심을 갖게 되었을 때, 다른 사람의 글씨를 따라 하는 것이 아니라 나만의 글씨를 만들고 싶었는데, 뭘 어디서부터 어떻게 해야 할지 몰라 막막했던 기억이 있습니다. 그 시절 제가 겪었던 과정들을 돌아보며 글씨체 설계에 있어 필요한 자세들을 정리해보면 다음과 같습니다.

하나, 글씨에 대한 관심이 필요하다.

캘리그라피를 시작하기로 마음먹고 나니 컴퓨터 폰트부터 손글씨까지 평소 무심히 지나쳤던 글씨에 엄청난 관심이 생겼습니다. 그래서 글씨의 구성과 모양 등을 관찰하고 공부하기 시작했지요. 그러는 가운데 폰트를 만드는 과정은 엄청나게 과학적이라는 것과, 한글의 자음과 모음이 이루는 균형과 다양한 모양에 대해서 깨달을 수 있었습니다. 결국 가장 우선적으로 필요한 것은 글씨 자체에 대한 관심입니다.

둘, 한글에 대한 관심이 필요하다.

캘리그라퍼가 되면 영어 캘리그라피도 많이 작업하게 되지만, 주로 대하는 문자는 역시 한글입니다. 저는 어렸을 때 세종대왕 위인전을 거듭 읽고 가장 존경하는 위인으로 세종대왕을 꼽을 만큼 한글을 좋아했어요. 한글 캘리그라피 작가라면 한글에 대한 자긍심과 존경이 기본이 되어야 한다고 생각합니다.

　캘리그라피를 시작하면서 한글 해례본을 찾아보고, 한글 연구 논문을 읽고 박물관에 방문하는 데 심취할 만큼 한글의 탄생 과정이나 역사에 대해 관심을 갖게 되었어요. 알면 알수록 신비하고 경이로웠지요. 이 당시의 이야기와 한글에 대한 관심은 훗날 강의를 할 때 필수적으로 전달하는 부분이 되었습니다.

셋, 상상력이 필요하다.

사람마다 적으면 십수 년, 많게는 수십 년간 본인이 고수해왔던 글씨체가 있을 것입니다. 글씨체는 마치 지문과 같이 고유성이 강해서, 쉽게 바꾸기 어려운 부분이기도 합니다. 하지만 지금껏 써왔던 글씨체에서 벗어나지 못한다면 캘리그라피 표현에 있어 큰 한계에 부딪히게 됩니다. 그러니 '잘 쓰기' '또박또박 쓰기' '읽기 좋게 쓰기' 등의 목표에만 집중하는 데서 벗어나, 감정을 전달하는 캘리그라퍼로서의 목표에 집중해보세요. 내 글씨체를 완전히

버리는 것이 아니라, 감정과 표현하고자 하는 대상에 따라 개성 있는 메이크업을 시도하는 것이라고 생각해보세요. 내가 본래 갖고 있던 글씨의 이미지를 확장하여 생각하는 것은 캘리그라피에 있어 중요한 지점이 됩니다.

이때 새로운 시선을 적용하면 좀 더 쉽게 생각할 수 있습니다. 가령 똑같은 리을이라도 그 모양을 다양하게 상상해보는 것이지요. 곡선과 직선, 굵기와 모양, 길이 등을 변주하여 여러 가지 시도를 해보면서, 이렇게 하면 이런 느낌이 나는구나, 더 나아가서는 이럴 때는 이런 모양이 어울리는구나 등을 경험으로 터득해야 합니다. 초반에 자유로운 시도를 통해 다양하게 응용할 수 있는 넓은 시야를 기르는 것이 내 작품 세계를 더욱 풍성하게 해줄 수 있습니다.

하지만 초보자들의 경우 다른 사람의 글씨를 관찰하고 따라 쓰다 보면 빠르게 익힐 수 있고, 타인의 장점을 자신의 글씨체에도 응용할 수 있기 때문에 따라 쓰기를 추천하는 편입니다. 다만, 보면서 따라 쓰는 것이 아니라, 다 보고 기억한 후에 써보도록 하세요. 똑같이 따라 하는 것이 목적이 아니니까요. 따라 쓰려 했던 글씨와 똑같지 않다 해도 그건 틀린 게 아니라 다른 것입니다. 오히려 나만의 소스가 될 수도 있는 것이지요.

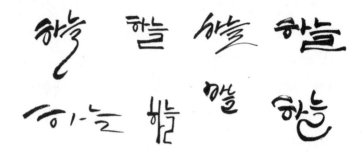

▷ '하늘'이라는 단어를 여러 형태의 자음과 모음으로
표현해보면서 다양한 표현 기법을 연습합니다.

▷ '새해' '연말' '크리스마스'를 주제로 캘리그라피를 연습합니다.
다양한 색감과 재료를 활용하면 더욱 풍성하게 연출할 수 있습니다.

···· 역사 속 글씨들로부터 배우다

캘리그라피를 공부하면서 한글에 관심을 갖고 한글의 철학과 배경을 알아갈 때, 문득 왕의 글씨는 어떠했을지 궁금해졌습니다. 필체는 범죄 추적에 사용되는 지문처럼 개인만의 고유한 형태를 가지고 있을 때가 많은데요. 조선의 왕들의 글씨 역시 저마다 다양했습니다. 마치 글씨 안에 그 왕의 성격이 녹아 있는 것처럼요. 매우 흥미로웠습니다.

　이제 조선 시대 왕과 왕족 들의 편지에 나타난 글씨체와 거기서 느낄 수 있는 것들에 대해 함께 살펴보도록 하겠습니다.

하나, 효종과 숙명공주가 서로에게 보낸 서신.

내용 해설:

숙명공주(좌): 문안을 여쭤보고 밤사이에 기체 안녕하신지 문안 올리기를 바라며 날이 갈수록 더욱더 보고 싶어 아무런 할 말이 없습니다.

효종(우): 편지 받아 보고 잘 있다고 하니 기뻐하노라. 어제 두 가지 색의 초를 보냈는데 보았느냐? 면자등(등의 한 종류)을 이 수대로 보내느니라.

글월 보고 됴히 이시니 깃거ᄒᆞ노라

뎌문졔 냥식 죡 보내엿더니 본가

안엿ᄉᆞᆷ고 간 면ᄌᆞ 등이 수ᄅᆡ로 보내

뎌후 안ᄂᆞᆼᄒᆞᆼ오신ᄂᆞᆫ 노라

안압고져 ᄇᆞ라오며 ᄀᆞ이ᄉᆞᆷᄒᆞᆼ오ᄆᆞ라타

엄ᄉᆞ화ᄒᆞᆼ얼노이다

글씨 분석:

조선 17대 임금 효종과 효종의 둘째 딸 숙명공주가 나눈 편지다. 효종은 숙명공주가 보낸 편지 여백에 답신을 썼는데, 하나의 서면에 둘의 편지가 담겨 있는 모습이 흥미로웠다. 아버지와 딸의 편지라는 점도 이 편지의 필체를 살피는 데 하나의 관점을 제공해 주었다.

숙명공주의 필체는 깔끔하고 정갈한 매력이 돋보인다. 간결하게 줄을 맞춰 썼다는 점, 특히 이응을 깔끔하게 썼다는 점에서 평소 성품을 상상할 수 있다. 첫 글자인 '문' 한 글자를 오른편에 따로 쓴 것과 띄어쓰기가 없는 것이 불편 없이 매력적으로 보인다. 왠지 맑은 목소리로 조곤조곤 이야기하는 느낌이 든다.

효종의 글씨로부터는 점잖은 아버지의 모습이 상상된다. 크고 기개가 넘치는 동시에 근엄한 필체이지만, 따뜻한 아버지의 마음이 느껴지기도 한다. 딸에게 받은 편지의 여백을 활용하여 답신을 쓰다니 놀랍고 멋지다.

송풍의

겨후평안호

신블안아ᄋᆞ끄쳐

보라옥뵈와더오

소래오셥녁팀오

제봉뎌보옵고

든ᄉ반갑수와

ᄒᆞ오며

한아바님껴올세

평안ᄒᆞ오신다ᄒᆞ

온니깃브와

다ᄒᆞ옵ᄂᆞᆫ이

元孫

둘, 정조가 여덟 살 때 쓴 편지.

내용 해설:

가을바람에 기후 평안하시온지, 숙모님의 문안 알기를 바라옵니다. 뵌 지가 오래되어 섭섭하고 그리웠는데, 어제 보내주신 편지를 보고 든든하고 반갑사오며 할아버님께서도 평안하시다고 하니 기쁘옵니다.

글씨 분석:

여덟 살 어린 정조가 원손 시절 외숙모에게 보낸 문안 편지다. 어린아이이기 때문에 다소 삐뚤고 아직 완전히 다듬어지지 않은 느낌이 있지만, 줄을 맞춰 쓰기 위해 노력한 점이 돋보인다. 가끔은 정갈한 글씨보다 삐뚠 글씨가 매력적으로 다가올 때가 있다. 의도적으로 삐뚤게 썼다는 느낌보다는 자연스러운 어설픔을 표현하기 위해서 왼손으로 쓰는 경우도 있다.

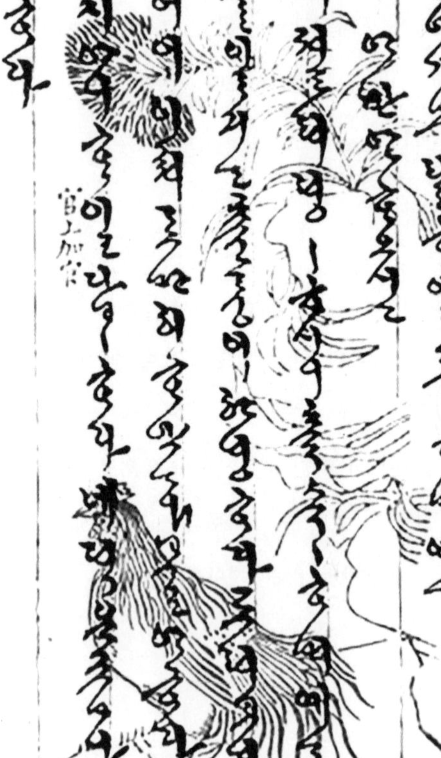

셋, 명성황후의 편지.

내용 해설:

글씨 보고 밤사이에 아무 탈 없이 지낸 일이 다행으로 여겨지는 구나. 왕실은 주상 전하의 문안도 아주 평안하시고 동궁이 지내시는 것도 매우 편안하시니 나는 한결같다. 오늘 일기는 봄바람이 춥고 차다. 들여보낸 것은 보았으나, 어이하여 이처럼 많이 하였느냐. 마음이 편치 않구나. 너는 오늘도 병세가 가볍지 아니하니 답답하다. 너의 집사람은 나았는지 궁금하다.

글씨 분석:

조선 26대 임금 고종의 황후 명성황후가 양조카인 민영소에게 보낸 편지다. 왕실과 자신의 근황을 전하며 상대방의 안부를 묻고 있다. 굉장히 강한 필체라고 생각했다. 물론, 명성황후에 대한 배경지식 때문일지도 모르지만, 다른 왕후들의 글씨와는 분명히 다르다. 어딘가 투박하고 강하며 안정되지 않은 느낌이다.

저는 역사 속 인물들의 글씨를 통해 한글의 다양한 형태와 표현, 색다른 아름다움을 느낄 수 있었습니다. 그것은 곧 새로운 캘리그라피 스타일에 대한 아이디어로 이어졌지요. 꼭 조선 시대 왕의 글씨뿐만 아니라, 다양한 글씨를 많이 보고 그 선과 획, 구조를 살피며 자신만의 스타일로 활용하는 것을 추천합니다.

···· 슬럼프를 만났을 때

모든 종류의 공부가 그런 것처럼, 캘리그라피를 배움에 있어서도 급속도로 성장하다가 어느 순간 성장이 멈춰버린 듯한 시기가 와요. 이때 꾹 참고 꾸준히 계속하다 보면 어느 순간 극복할 수도 있겠지만, 억지로 하는 것이 길어지다 보면 캘리그라피 자체에 흥미를 잃어버릴 수도 있어요.

이럴 때는 다양한 시도를 해보면 좋습니다. 가령, 자신이 원래 오른손잡이라면 왼손으로 글씨를 써본다거나, 전혀 사용해본 적 없는 새로운 도구로 글씨를 써보는 것이지요. 저 역시 가끔 왼손으로 글씨를 써볼 때가 있는데, 아무리 자주 사용하는 오른손이라 해도 참신성에 있어서는 재기발랄한 왼손을 따라가기가 어렵습니다. 왼손으로 한 독특한 표현을 보고 있자면 재미있고 신기해요. 이런 경험을 자주 해보는 게 좋습니다. 다양한 시도는 정체되어 있다는 답답함을 벗어나게 해주는 좋은 탈출구가 될 수 있거든요. 내가 재미있어야 보는 사람도 재미있다는 것을 잊지 마세요!

···· 나만의 정체성을 세우자: 허슈그라피의 탄생

앞서 개인적으로 다른 작가들의 작품을 거의 참고하지 않는 편이라고 말한 바 있습니다. 저는 나만의 정체성에 천착하는 타입이었기 때문이지요. 또한 캘리그라퍼로서의 삶을 이어가려면, 세상에 글씨를 잘 쓰는 사람은 많지만 내 글씨는 이 세상에 하나뿐이다, 라는 자신감도 중요하겠다고 생각했습니다.

그래서 나만의 캘리그라피 브랜드를 만들어야겠다고 생각했습니다. 우선 브랜드명을 무엇이라 할지 고민했지요. 그러다 고등학생 때 제 별명이었던 '허슈'에 착안하여 허수연의 손글씨라는 의미에서 '허슈그라피'라고 하는 것은 어떨까 생각했습니다. 하지만 왠지 의미가 너무 단순한 것 같아 고민한 끝에 'Heo Special Holic Unique Graphy(허수연의 특별하고도 중독성 있는 글씨)'라는 의미를 덧붙였습니다. 그렇게 탄생한 허슈그라피라는 브랜드명은

벌써 구 년째 저를 소개할 때 쓰이는 멋진 이름입니다.

　이름이 그리 중요한가, 하시는 분들도 계실 수 있겠지만, 허슈그라피라는 이름은 많은 분들이 '허수연'과 '캘리그라피'라는 별개의 연상을 하나로 연결하는 데 큰 역할을 해주었습니다. 몇 년 전의 일입니다. 서점에 가서 책을 보고 있는데, 어느 분이 매대에 있는 제 책을 보면서 "캘리그라피는 알겠는데, 허슈그라피는 뭐지?"라고 말씀하시는 게 아니겠어요. 그때 이름 하나로 다른 사람들이 나라는 사람에 대해서 궁금해지게 할 수 있다는 것이 굉장히 신기했고, 허슈그라피라는 이름이 나만의 고유한 단어처럼 느껴져 기분 좋았던 기억이 있습니다.

　캘리그라퍼를 직업으로 선택하겠다고 마음먹었다면(혹은 그렇지 않다고 해도) 자신의 브랜드명 혹은 작가명이 있으면 좋습니다. 작

▷ 이름 또는 필명을
　새긴 낙관을
　마련하는 것도
　추천합니다.

품을 만들고 서명과 낙관을 넣으면 받는 이의 마음이 달라지는 것은 물론, 스스로도 엄청난 자긍심이 생기거든요.

···· 캘리그라퍼가 되려면 자격증이 필요한가요?

캘리그라피 강의를 하면서 가장 많은 문의를 받았던 부분이 바로 자격증에 대한 것입니다. 개인적으로는 자격증에 대해서 좀 회의적입니다. 캘리그라피는 누구나 쓸 수 있는 감정을 담은 손글씨이기에 사람마다 스타일도 다양한데, 거기에 자격을 부여한다는 것 자체가 캘리그라피를 어떤 특정한 유형으로 정형화해버리는 것 같아 거부감이 들었거든요. 그래서 허수연연구소에서는 자격증 대신 수료증을 발급하고 있습니다.

저 역시 캘리그라피 자격증은 보유하고 있지 않습니다. 또 현재까지 캘리그라피 공인 자격증은 나와 있지 않아요. 따라서 캘리그라퍼가 되기 위해 반드시 자격증이 필요한 것은 아니지만, 원하는 경우 자격증을 발급하는 기관에서 수업을 들으면 됩니다. 어쨌든 시작하는 사람들에게 하나의 프로필이 되어줄 수 있으니까요. 캘리그라피 자격증이 필수는 아니지만, 개인의 선택에 맡기는 게 좋을 것 같네요.

오늘날 블로그와 SNS가 신인 캘리그라퍼들을 위한 새로운 등용
문이 되고 있다는 것은 분명 고무적인 현상입니다. 저 역시 블로
그를 통해 저의 작품을 세상에 선보였고, 블로그에 올린 글이 네
이버 메인에 노출되면서 전문 캘리그라퍼로서의 삶을 향한 용기
를 얻을 수 있었어요.

저는 블로그를 통해 제 작품을 공개하고, 수업을 여는 것은 물
론, 활동과 행사에 대한 정보를 공유하고 있어요. 블로그 덕을 톡
톡히 보고 있다고 해도 과언이 아닙니다. 하지만 방문자 수 등 눈
에 보이는 수치에 집착하는 편은 아니에요. 언제나 중요한 것은
나의 색깔을 갖는 것, 그리고 꾸준함입니다.

저는 제 블로그에 방문해주시는 분들이 캘리그라피를 통해 다
양한 생각, 공감할 수 있는 진심을 발견할 수 있었으면 좋겠다고
생각했습니다. 또 아무리 블로그를 통해 데뷔하는 작가들이 많아
졌다고 해도, 기회를 만드는 건 꾸준함이라고 생각해요. 꾸준하
려면 생각을 늦추거나 글씨를 게을리할 수 없을 것이고, 그것이
곧 캘리그라피 작가로서의 재미이자, 행복한 일상이 되거든요.

자주 활용할 수 있는 블로그 또는 SNS를 선택하여 활동해보시
기를 추천해드립니다. 우선 가장 대표적인 블로그로는 우리나라

포털 사이트 점유율 약 칠십 퍼센트를 차지하는 네이버 블로그가 있습니다. 그만큼 접속자 유입량이 많고, 발견될 가능성도 높다는 것이지요. 이외에도 그라폴리오, 노트폴리오 등 전문 작가 커뮤니티가 있습니다. SNS는 기본이고요. 꾸준히 게시물을 올리는 것은 물론, 해시태그를 적절히 활용하고, 필요할 경우 약간의 비용을 투자하여 홍보를 해보는 것도 효과적이겠지요.

2009년에 탄생한 제 블로그는 십 년 이상 같은 이름으로 매일 캘리그라피와 그에 담긴 이야기를 전하고 있습니다. 쓰는 사람은 모두 허수연이지만 점점 달라지는 글씨들이 시간의 흐름을 말해주지요. 처음 캘리그라피를 시작할 때부터 한 페이지도 지우지 않고 모았기에 게시물은 수천 개에 달하고, 총 방문자 수도 이만 명이 넘습니다. 저에게 있어 블로그는 캘리그라퍼로서의 내 정체성을 담는 것은 물론, 나와 작품과 사람들 사이를 잇는 가장 직접적이고 가까운 통로입니다. 오늘도 저는 블로그에 캘리그라피와 함께하는 저의 일상을 기록합니다.

···· **일석이조의 효과, 공모전**

캘리그라피를 시작한 지 얼마 되지 않아, 우연히 MBC 슬로건 공모전 소식을 접했습니다. 솔직히 캘리그라피를 본격적으로 시작한 지 얼마 되지 않았을 때라 큰 기대는 하지 않았고, 그저 한번 해보자, 재미있을 거야, 라는 마음으로 정성을 다했습니다. 그래도 혹시나 하는 기대는 떨칠 수가 없어 공모전에 참여한 뒤 발표일까지 매일매일 사이트에 접속해보곤 했지요.

입상 사실을 알게 되었을 때는 어찌나 신이 나는지 작업실을 나가 혼자 동네를 몇 바퀴나 뛰어다녔어요. 마음이 벅차올라 주체할 수가 없었거든요. 몹시 기뻤고, 자랑스러웠고, 행복했습니다. 이후에도 여러 기관이나 회사에서 주최하는 공모전에 도전했습니다. 나중에 나에게 중요한 이력이 되어줄 수 있고, 일로 연결될 수도 있겠다는 생각에서였습니다.

공모전은 평소에 자주 쓰던 글씨에서 벗어나 목적에 맞는 캘리그라피를 기획하고 새로운 시도를 해볼 수 있다는 점, 입상을 할 경우 큰 성취감을 느낄 수 있다는 점에서 캘리그라피를 처음 시작하시는 분들에게 꼭 참여를 권장하는 부분입니다. 입상하지 못한다 하더라도 공모전에 참여하기 위해 새로운 캘리그라피를 기획하는 과정은 좋은 공부가 되며, 최신 트렌드를 아는 데도 도움이 됩니다. 지금은 제가 캘리그라피를 막 시작했을 당시보다 캘리그라피에 대한 정보도 많고 참여하는 사람도 많아서, 공모전이 다른 사람들의 글씨를 살펴볼 수 있는 좋은 장이 되어주기도 하

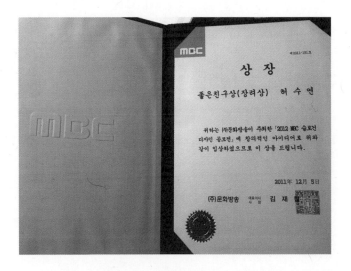

▷ '2012 MBC 슬로건 디자인 공모전' 입상이 준 성취감은
이후 저의 행보에 큰 역할을 하였습니다.

거든요.

그래서 지금도 가끔 캘리그라피 공모전이 있으면 참여해봅니다. 지금의 내 스타일을 벗어나 새로운 도전을 해보는 것이지요. 공모전은 자신의 글씨에서 벗어나 새로운 시도를 할 수 있는 것은 물론, 자긍심을 높이고 좋은 이력을 만들어줄 수 있는 기회입니다. 주저 말고 도전해보세요!

···· 캘리그라피 사업가로서의 신조

제가 사업을 시작하면서 중요하다고 생각했던 것들이 있습니다. 그것들은 시기와 상황에 따라 조금씩 달라지기도 했지만, 오랜 시간 변치 않고 계속 지켜오는 몇 가지가 있는데요. 캘리그라퍼이자 사업가로서 저의 변치 않는 신조 몇 가지를 소개함으로써 이 장을 마무리 지으려 합니다.

하나, 시간 엄수.

시간은 제가 무슨 일이 있어도 지키는 중요한 부분입니다. 시간은 곧 신뢰와 연결되기 때문에 사업하는 사람은 물론, 그렇지 않은 사람이라 해도 반드시 지켜야 하는 부분입니다. 시간을 지키지 않는 사람과는 다음을 기약할 수가 없어요. 그래서 저는 모든 일에 있어 시간을 지키기 위해 철저히 계획하고 준비하고 있습니다.

둘, 메모하기.

저는 메모를 잘하는 편입니다. 갑자기 떠오르는 말, 지나가다 본 글, 다른 사람에게 들은 말 등 머릿속과 마음속에 들어온 것들을 놓치지 않고 모두 기록합니다. 그런 메모들을 모아 책을 낸 적도 있을 정도로, 핸드폰이나 수첩에 남겨둔 기록들은 저에게 항상 좋은 아이디어가 되어주곤 했습니다.

그런데 한번은 핸드폰 업데이트를 잘못해서 팔 개월간의 메모를 날린 적이 있어요. 저에게 있어 아주 중요한 일부분이 잘려나간 듯 막막하고 속상했지요. 따라서 메모만큼 중요한 것이 백업입니다. 백업을 잊지 말고 수시로 할 것!

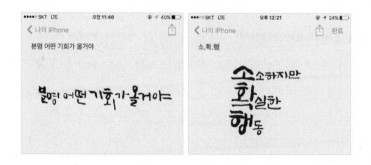

셋, 다양한 영역에 관심 갖고 관찰하기.

저는 캘리그라피 작가이지만, 관심 영역이 캘리그라피뿐인 것은 아닙니다. 정치, 경제, 사회, 음악, 미술, 연기, 색감, 언어, 심리 등 다양한 곳에 관심을 두고 있는데, 좋은 작품을 만들려면 복합적인 관심과 시야를 갖는 것이 중요하다고 생각하기 때문입니다. 이를 위해 제가 실천하고 있는 행동들은 다음과 같습니다.

ㄱ. 신문 기사 읽기   현재 우리 사회의 흐름을 알기 위해서는 이만한 것이 없습니다. 여러 분야의 기사를 다양하게 읽다 보면 시대를 알고, 나를 아는 데 큰 도움이 돼요. 저는 종이 신문을 세 종류 정도 구독하고 있습니다. 모바일로도 틈틈이 기사를 읽고 있지만, 모바일로 보는 기사와 종이 신문은 분명 차이가 있습니다. 종이 신문도 매체마다 성격이 다르기 때문에 다양한 신문을 읽는 것을 추천합니다.

ㄴ. 베스트셀러 순위 보기   대형 서점에 갈 때마다 꼭 확인하는 것이 베스트셀러 순위입니다. 인기 있는 책의 장르, 주제 등을 통해 현재 사람들이 관심을 가지고 있는 분야를 확인할 수 있거든요. 이는 강의의 커리큘럼을 구성할 때에도 도움이 됩니다.

ㄷ. 다양한 문화 활동　　캘리그라피 작가이지만, 사실 캘리그라피 전시를 자주 다니는 편은 아닙니다. 오히려 연극이나 콘서트, 전혀 다른 장르의 미술 전시를 주로 찾습니다. 그리고 그 속에서 접한 소리, 색깔, 소재의 다양성은 다시 작품이나 강의의 소재로 구성되곤 했습니다. 다양한 예술을 접하고 그것을 내 안에서 새로운 것으로 승화하는 일은 지속적인 활동을 위한 원동력이 되어주고 있습니다.

넷, '나'라는 브랜드의 고유성 지키기.

반복해서 강조하고 있습니다만, 브랜드는 매우 중요합니다. 누구의 글씨를 흉내 내거나, 유행하는 것들을 따라가는 것이 아니라, 시간이 더 오래 걸리고 많은 노력이 필요하다 해도 자기만의 것을 만들어야 합니다. 특히 캘리그라피라는 영역에서 고유성은 반드시 필요합니다. 비슷한 글씨, 뻔한 문구, 어디선가 들어본 적 있는 것 같은 재미없는 발상 대신 나만의 독보적인 영역, 나만의 색깔을 만들어야 합니다. 뻔한 이야기지만, 이것만큼 어려운 것이 없어요.

　약점이라 생각했던 것도 강점이 될 수 있습니다. 일례로 저는 목소리 톤이 낮은 편입니다. 이미지와 목소리가 어울리지 않아서 처음 만나는 사람들은 놀라기까지 할 정도이지요. 회사에 다닐

때는 낮은 목소리 탓에 뭐 기분 안 좋은 일 있냐며 오해를 사기도 했지만, 강사가 되면서 제 낮은 목소리는 큰 강점이 되었습니다. 듣는 이에게 신뢰감을 주고 집중도를 높이는 데 도움이 되었거든요.

그렇다고 "캘리그라피 강사를 하려면 무조건 목소리를 낮게 해라!"라고 말하는 것은 아닙니다. 내 마음에 들지 않는 약점이 상황이나 대상에 따라 강점이 될 수도 있다는 것, 그러니 어떻게 약점을 강점으로 승화할 수 있는지 고민해야 한다는 것이지요.

다섯, 시대상을 인지하는 통찰력을 갖되, 유행만 좇지 않기.

하루가 다르게 변하는 시대의 움직임을 따라가기란 결코 쉬운 일이 아니지만, 그렇다고 꼭 시대의 움직임을 좇는 것이 항상 맞는 길은 아닙니다. 하지만 유행은 분명히 알고 있어야 합니다. 현재 유행하는 코드는 어떤 것인지, 사람들이 어떤 것에 반응하는지, 다각도에서 분석하고 나의 것과 접점을 찾아가는 것이 중요하거든요. 자신이 원하는 것과 대중이 원하는 것의 중간 지점을 잘 파악하는 것이 성공의 키 포인트입니다.

여섯, 나만의 영역 설정하기.

캘리그라피 작가라고 해서 모두 다 같은 영역에서 똑같은 활동을 하는 것은 아닙니다. 저 역시 캘리그라피 사업을 하고 있지만, 주력 분야를 확실히 두고자 했습니다. 예를 들면, 어떤 작가는 캘리그라피를 이용한 지류 사업이, 어떤 작가는 강의가, 또 어떤 작가는 캘리그라피 로고 디자인이 주요 사업 분야일 수 있습니다. 자신만의 독보적인 콘셉트를 갖고 있을 때, 다른 이들과의 차별성을 얻을 수 있고, 고객의 선택을 받는 데도 도움이 됩니다.

허수연연구소의 경우는 디자인과 교육으로 사업 분과를 나누어 두고 있는데, 디자인 사업은 CI 및 BI 디자인이, 교육 사업은 기업 교육이 중심이 되고 있습니다. 커다란 시장 안에서 스스로 자신의 영역을 포지셔닝해서 홍보하는 것도 사업 성장의 축을 마련하는 데에 큰 도움이 됩니다.

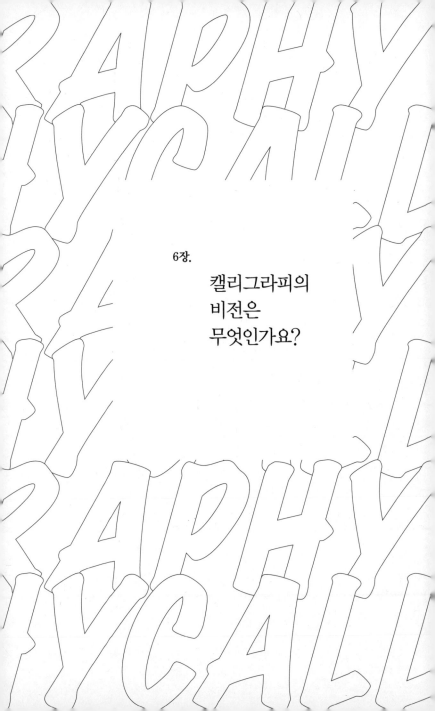

6장.

캘리그라피의
비전은
무엇인가요?

···· 캘리그라피 시장의 성수기와 비수기

캘리그라피 작가를 직업으로 삼고 삼 년 정도 지나니 나의 일에
서 패턴을 발견할 수 있었습니다. 물론, 경기나 유행에 따라 수요
와 가격 등이 달라지는 것이 디자인이지만, 전체적인 시장 동향
을 보는 것과 동시에 자기 일의 패턴을 알고 있는 것이 매우 중요
합니다. 단순히 상황이 주어지는 대로 이끌리듯 움직이다 보면,
내가 지나온 길에 대해 파악할 수 없고, 패턴에 대한 정보가 없으
면 미래도 바라볼 수 없거든요.

  우선 허수연연구소의 경우로 예를 들어 이 '패턴'이라는 것에
대해 설명해드리겠습니다. 앞서 말씀드렸듯이 허수연연구소의 캘
리그라피 사업 영역은 디자인과 강의 두 분야로 나뉩니다. 디자

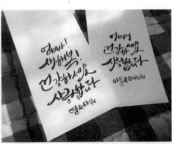

▷ 일의 시즌을 파악하고 있으면,
특별 상품이나 강의를 기획할 수 있습니다.

인 사업 초기에는 대기업을 주요 타깃 고객으로 삼았었지만, 점차 개인 브랜드, 가게 인테리어, 결혼식, 아기 돌잔치 등 사용 분야가 다양해지며 고객도 세분되었습니다. 상업적 목적의 사용은 물론, 개인 수요가 늘어났다는 것이 우선 괄목할 만한 점이지요.

사실 디자인 영역의 성수기는 예측하기 힘듭니다. 다만 연말 등 문의가 많은 특정 시즌이 있기는 하지요. 하지만 강의는 성수기와 비수기가 확실합니다. 제가 진행하는 '같이쓰기' 수업은 매달 이루어지지만, 그럼에도 불구하고 유독 수강생들이 더 많을 때가 있거든요. 보통 새로운 것을 하고자 하는 의욕이 넘치는 연초와 봄 시즌 강의가 그렇습니다. 여름은 휴가철이기 때문에 수강생이 적습니다. 날씨가 더워 움직이기 귀찮다는 점도 있을 것입니다. 그러다 다시 가을 시즌이 되면 한 해가 끝나간다는 아쉬운 마음과 가을 감성의 영향인지 다시 수강생이 늘고, 겨울과 연말 시즌에는 크리스마스 카드, 용돈 봉투, 연하장 등 다양한 용도로 캘리그라피를 사용하기 위해 많은 수강생들이 찾아옵니다. 하지만 명절이 있는 달은 신청이 덜합니다. 아무래도 명절 준비로 많은 비용이 필요하기에 배움은 잠시 미뤄두는 것 같습니다.

기업 강의는 신규 채용이나 승진이 이뤄지는 봄과 가을에 수요가 많습니다. 여름은 휴가철이라 덜하고, 겨울은 VIP 초청 강의나 임원 교육 등 특별 강의가 많습니다. 겨울은 꼭 교육이 아니더라도 연말 행사를 하는 기업이 많기 때문에, 행사에 초청되는 경우도 많습니다. 이처럼 연말은 많은 문의가 오고, 다양한 일이 성사되는 시기입니다.

그러니 이에 대비해 요즘 유행하는 아이템, 연말에 어울리는 센스 있는 교육, 작품 등을 미리 구상해놓으면 좋겠지요. 매달 수강생을 모집하고 강의를 진행하다 보면 자연스럽게 패턴과 수강생의 특성 등을 파악할 수 있는데, 단순히 파악에 그치지 말고 강의 계획이나 커리큘럼 작성 등에 참고해야 합니다. 필요한 재료의 수급을 파악해둔다거나, 미리 스케줄 조정을 해둔다거나 등등……. 또 이처럼 시기별 특성을 파악해두면 비교적 스케줄이 적은 달은 공부를 하거나 작품 활동에 매진하는 시기 등으로 계획해둘 수도 있습니다. 이러한 파악과 계획이 없으면 일정이 꼬이거나 경제적으로 어려워질 수 있으므로 캘리그라피 사업을 하는 사람에게는 필수적인 부분입니다!

···· 사회의 아픔을 위로하는 캘리그라피

제가 처음 캘리그라피를 시작할 때만 해도, 캘리그라피를 알고 있는 사람이 매우 적었습니다. 전문 교육 기관도 드물었고요. 그러한학수 PD는 이날 <PD저널>과의 통화에서 "<PD수첩> PD들의 제작중단 이후 콘텐츠제작국 PD 사이에서 여러 이야기들이 있었는데 어제(8일) 총회를 하며 '더 이상은 참을 수 없는 지경에 온 것이 아니냐'는 이야기가 주를 이뤘다"고 설명했다.

한 PD는 콘텐츠제작국이 담당하는 프로그램들의 불방 여부에 대해서는 "외주 프로그램들을 제외한 본사 제작 프로그램들은 방송 나가기가 힘들 것"이라고 전망했다.

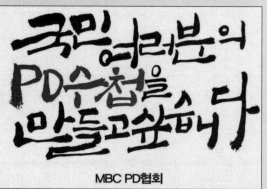

MBC PD협회

▲ MBC PD, 시사제작국 기자·PD, 카메라 기자들의 '제작중단' 선언에 이어, 콘텐츠제작국 PD 30명이 9일부로 제작중단을 선언했다. ©MBC PD협회

‣ MBC 총파업 선언에 사용될 캘리그라피에 참여했습니다.
  우리 사회문제에 캘리그라피로 참여하고 있습니다.

▸ 기억저장소 기억교실에 한 자 한 자 마음을 담아
  세월호 희생자들의 이름을 썼습니다.

던 캘리그라피가 지금처럼 유명해진 것에 대한 개인적인 생각은 이렇습니다. "아프고 어려울 때 많이 찾는 디자인인 것 같거든요."

실제로 제가 강의할 때 자주 하는 말이기도 합니다. 나라 안팎으로 큰 사고가 있어 슬픔에 잠기거나, 경기가 좋지 않아 힘들 때 캘리그라피가 주목받는 경우가 많았습니다. 실제로 그러한 시기의 광고에 자주 등장하기도 했고요. 더군다나 우리는 대통령에 대한 상처도 있는 국민들이잖아요. 큰 배신감으로 심신이 지치고 힘들 때도 캘리그라피가 많이 사용되었습니다. 국민의 목소리를 담은 포스터에도, 시위 현장 곳곳에 나부끼던 깃발에도 친근하면서도 묵직한 울림을 주는 캘리그라피가 많이 자리했습니다.

우리글로 우리 정서와 삶을 풀어내는 장르여서인지도 모르겠습니다. 물론 개인적인 해석이긴 하지만, 캘리그라피가 유행할 때마다 우리 사회의 아픔에 대해 생각하게 됩니다.

.... 캘리그라피 폰트를 만들 수 있을까요?

"캘리그라피로 폰트를 만들어볼 생각은 없으신가요?"라는 질문을 상당히 많이 받습니다. 그래서 저 역시 오랫동안 고민해왔지만, 아직까지는 계획이 없습니다. 물론 내 글씨로 폰트가 만들어진다면 정말 신기할 것 같다고 생각한 적도 있습니다. 하지만 폰트 제작에 대해 알아보면서 만만치 않은 일이라는 것을 알게 되었지요. 그 이유는 다음과 같습니다.

첫째, 폰트를 만드는 것은 매우 어려운 일입니다. 한글은 자음과 모음, 받침까지 있어, 결코 단순한 글씨가 아닙니다. 영어의 알파벳하고만 비교해봐도 한글은 복잡한 형태를 가진 문자에 속하지요. 그래서 한글 폰트를 만든다는 것은 기술적·시간적으로 굉장히 많은 공이 들어가는 일입니다. 비용도 많이 들고요. 그래서 섣불리 시작하기 어려운 작업입니다.

둘째, 어렵게 폰트를 만들어도 제대로 배포할 경로가 많지 않습니다. 많은 시간과 비용을 들였다면 응당 그에 합당한 대가를 받을 수 있어야 하는데, 우리나라에는 아직 비용을 지불하고 폰트를 사용하는 것에 대한 인식 자체가 보편화되어 있지 않습니다. 한 사람이 폰트를 구입해서 공유하거나 불법으로 다운로드하는 등에 행위로 인해 들인 노력에 대한 대가를 제대로 받지 못할 가능성이 큽니다.

끝으로 나의 글씨를 폰트로 맞닥뜨렸을 때 느끼게 될 두려움이 걱정되었습니다. 만들고 난 다음에 마음에 들지 않는 부분을 발견하면 어쩌나, 하는 우려들이요. 물론 이 모든 게 망상에 지나지 않을지도 모릅니다. 앞으로 제 생각이 어떻게 달라질지, 어떤 일을 하게 될지는 저 자신도 알 수 없겠지요.

얼마 전 폰트 시장에 새로운 움직임이 일어나고 있다는 소식을 접하게 되었습니다. 카카오에서 네 분 할머님의 글씨로 만든 폰트를 선보인 것입니다. 이 프로젝트는 부산 금정구 종합사회복지관의 한글늘품교실과 서울 마포노인복지센터의 소망초등학교에서 한글을 배우는 어르신들을 대상으로 이루어졌는데요. 아름답고 멋진 글씨는 아니지만, 삐뚤빼뚤한 글씨에서 따뜻함과 정겨움, 동시에 새로움을 느낄 수 있었습니다.

우리 시대 디자인은 미적 가치는 물론, 스토리가 담겨 있어야 한다고 합니다. 아름다움과 스토리를 모두 담는 복합적인 장르라는 캘리그라피의 특성을 살리면 좋은 움직임이 일어날 수도 있겠다고 생각했습니다.

···· 캘리그라피 이모티콘을 만들어보고 싶어요

요즘 남녀노소 막론하고 즐겨 사용하는 것이 바로 이모티콘입니다. 유명한 카카오 프렌즈 캐릭터를 활용한 이모티콘 외에도, 토끼나 곰 등 다양한 캐릭터를 활용한 이모티콘을 선보이는 작가들

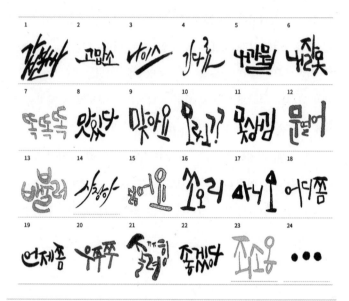

▸ 카카오톡에 등록했던 이모티콘 시안입니다. 이모티콘 시안을 만들어
  '카카오톡 이모티콘 스튜디오'에 등록할 수 있어요.

이 점점 많아지고 있습니다. 캘리그라피를 이용한 이모티콘도 쉽게 찾아볼 수 있어요.

캘리그라피 이모티콘은 센스 있게 만든다면 얼마든지 상용화할 수 있는 아이템이기 때문에 저에게도 구미가 당기는 영역입니다. 실제로 정말 손글씨 느낌이 나는, 유쾌하고 센스 있는 이모티콘을 만들고 싶어, 시도해보기도 하였습니다.

센스 있는 발상과 멘트, 친근한 글씨체를 가지고 있다면 한번 시도해보세요! 저 역시 이따금 제 캘리그라피를 이모티콘으로 만드는 것에 대한 즐거운 상상을 하고 있답니다.

···· 시장의 성장 가능성보다 중요한 것은 나의 성장 가능성!

캘리그라피 세계에 직업적으로 입문하고자 하는 분들이 많이들 궁금해하시는 것이 캘리그라피 시장의 비전입니다. 디자인은 변합니다. 캘리그라피 역시 유행을 타며, 그 스타일도 여러 형태로 변화해왔습니다. 최근에는 초기 붓글씨 스타일의 캘리그라피를 탈피한, 단순하고 감각적이면서 젊고 센스 있는 느낌을 주는 캘리그라피가 늘었지요.

캘리그라피가 다양해지게 된 배경에는 도구의 다양화가 있습니다. 도구가 다양해지면 여러 가지 획이 만들어지고, 그것은 곧 새로운 글씨체로 이어지니까요. 캘리그라피 책들만 봐도, 붓을 이용한 고전적인 캘리그라피는 물론, 캘리그라피펜, 딥펜, 마카로 쓰는 캘리그라피 등 캘리그라피의 유형이 다양해졌음을 알 수 있고, 영문 캘리그라피 책도 꾸준히 출간되고 있습니다. 하나같이 독자들로부터 꾸준히 사랑받는 것을 보면, 그 움직임은 쉽게 가라앉지 않을 것 같아요. 우리 한글의 독특한 구성을 잘 활용하는 똑똑한 캘리그라퍼들 덕분이겠지요. 다른 장르와의 콜라보레이션 역시 가능하기 때문에 다양한 변주도 기대할 수 있어요. 저 역시 새로운 시도와 캘리그라피 개발을 게을리하지 않고 있습니다.

따라서 시장의 비전보다 중요한 것은 나의 성장 가능성이라고 생각합니다. 그렇다면 캘리그라피 작가가 된 지 어언 십 년 차에 접어들어 우스갯소리로 '캘리그라피계의 시조새'라고 불리는 저는 어떨까요? 종종 작업 시간이 넉넉지 않거나 어려운 작업을 의뢰받을 때가 있습니다. 그러면 상대방은 미안해서 어쩔 줄 모르지요. 그때마다 저는 이렇게 대답합니다. "괜찮습니다. 프로니까요!" 나를 믿고 맡기라는 뜻이지요. 언제나 그랬습니다. 저에겐 자신감이 있었고, 그만큼 실력도 있어야 하니 몇 곱절 더 노력했습니다.

재차 강조하고 싶습니다. 캘리그라피 시장에 대한 기대치도 중요하지만 '나'라는 브랜드가 가진 성장 잠재력이 더 중요한 것이라고요. 중요한 건 시장의 비전이 아니라 나의 비전이며, 내가 얼마나 자신 있고, 얼마나 노력하느냐에 성공 가능성이 달려 있는 것이라고 생각합니다.

현재 허수연연구소는 캘리그라피 디자인과 교육에 있어 더욱 다양하고 심화된 움직임을 펼쳐나가고 있습니다. 기업 로고, CI, BI, 슬로건 등 다방면의 디자인을 진행하고 있으며, 신입사원 교육, 팀 교육, 승진자 교육, 임원 교육 등 대상 및 목표별 커리큘럼을 보유하고 있습니다. 또 캘리그라피 디자이너나 강사가 되고자 하는 사람들에게 캘리그라피 표현 기술 및 디자인 기법은 물론 강의 요령까지 교육하며 인재 양성에도 힘을 다하고 있지요. 앞으로는 캘리그라피의 장점을 발굴하여 새로운 심화 장르를 만드는 데에 최선을 다할 것입니다.

어느 날 장문의 메시지를 받았습니다.

　허수연 선생님 안녕하세요! 몇 년 만에 예전에 쓰던 카메라 SD 카드를 정리하다가, 우연히 선생님과 함께 찍은 사진을 발견하고 연락드려요. 저는 오 년 전쯤 선생님께 인터뷰를 요청했던 ○○○ 입니다! 그때 카페에서 이야기도 나누고 선생님께서 '오늘보다 더 나은 내일이 되길'이라는 글씨도 써주셨어요.

　수많은 인연들이 스쳐 가고도 남았을 시간인지라 절 기억하시려나 모르겠습니다. 사실 그때까지만 해도 캘리그라피를 조금씩 시도해보던 때에 불과했는데, 선생님 인터뷰를 하고 나서 본격적으로 디자인도 연구해보고 글씨도 수백 번씩 써봤던 것 같아요.

　어느새 저도 캘리그라피를 시작한 지 오 년이 다 되어가네요. 이

제 캘리그라피는 저의 아이덴티티로 자리 잡았습니다. 좋아하는 글귀들을 써서 모으다 보니, 앨범 작업이나 독립 영화 협업 제안도 받게 되었어요. 캘리그라피로 제 삶을 그려나가고 있는 것 같다는 기분이 들어요! 저에게 해주셨던 말들과 선생님의 모습을 통해 영감을 많이 받았습니다. 많이 바쁘셨을 텐데 고등학생이 드린 부탁을 거절하지 않으시고 좋은 말씀 해주셔서 감사해요.

누구인지 단박에 기억이 났지요. 아직 캘리그라피가 생소하던 시절, 인터뷰를 하고 싶다며 메일을 보내와, 직접 만나 이야기 나눴던 그 똘똘한 학생! 정말 반가웠습니다. 제 한마디가 누군가의 삶에 이처럼 큰 영향을 줄 수 있다는 것이 더없이 기쁘기도 했고요. 그 순간만큼은 세상 누구보다 큰 보람과 감사를 느꼈습니다.

저 역시 복잡하고 생각 많은 학창 시절과 이십 대를 보냈습니다. 한창 진행되어가고 있는 삶의 한가운데에서 방향을 바꾸어 새로운 일을 시작하는 것은 매우 힘들었어요. 하지만 동시에 몹시 환상적이기도 했습니다. 만약 제게 그때로 다시 돌아가고 싶으냐고 물으면 절대 돌아가고 싶지 않다고 하겠지만, 어쩔 수 없이 다시 돌아가야 한다면 그때도 반드시 캘리그라피를 시작할 겁니다. 캘리그라피는 제 삶을 완전히 바꿔준 멋진 녀석이니까요.

그리고, 아주아주 오랫동안 캘리그라피를 놓지 않을 것입니다.

우리 아이가 결혼할 때 청첩장 디자인을 해줄 거고, 우리 손주 세뱃돈 봉투에 덕담을 멋지게 써줄 것입니다. 캘리그라피는 저에게 곧 삶이나 다름없으니까요. 이 아름다움이 일을 넘어 삶이 되었다는 것은 제게 큰 축복이기도 합니다.

이렇게 아름다운 삶을 살 수 있도록 처음 시작하는 순간부터 지금까지, 모두가 아니라고 할 때도 곁에서 "할 수 있어" "해봐" "잘한다" "멋지다" 등의 응원을 아끼지 않은 나의 오랜 친구이자 남편 UJ에게 큰 감사를 전합니다. 이 책을 쓰는 동안 가장 많은 시간을 함께한 우리 고양이 호야와 고야에게도 곁을 지켜주어 고맙다는 마음을 전하고 싶고요. 힘들 때마다 서로를 응원해주었던, 내가 아끼는 그 녀석 Mr.Choi에게도 감사를 전합니다.

앞으로도 제 삶에는 많은 일들이 있을 것이고, 그 순간들 속에서 수많은 캘리그라피가 탄생할 겁니다. 순간순간의 생각과 감정, 삶을 캘리그라피로 기록해나갈 나 허수연을 응원합니다. 또 이 책을 만나고 새로운 삶을 시작하실 모두를 응원합니다.

감사합니다.

새로운 시작,
응원합니다 —

푸른들녘 미래탐색 시리즈

다양한 삶과 일터의 현장을 둘러보는 진로 체험 시리즈로 '직업=진로'라는 그릇된 인식을 바로잡기 위해 기획되었다. "나는 어떻게 살고 싶은가?"라는 물음에 답을 찾는 과정에서 먼저 개개인의 가치관을 정립하고 이에 따라 "내 인생의 방향에 맞는 일은 무엇일까?"를 탐색하는 데 구체적인 도움이 될 수 있도록 구성했다. 평생직장 개념이 사라진 21세기를 살아갈 청소년 및 청년들, 그리고 새로운 삶을 준비하는 직장인들에게 이 시리즈는 알찬 길잡이가 될 것이다.

001 열네 살 농부 되어 보기

이완주 · 정대이 · 박원만 지음 | 김선호 그림 | 372쪽

이 책은 청소년들이 텃밭 농사 체험을 통해 작물의 재배와 생산 과정 및 생장의 기반이 되는 흙의 성질을 이해하게 해주고, 자연과 함께함으로써 생태계의 원리를 깨우치며, 더 나아가 자연의 공동체성을 인식하는 새로운 시선과 열린 전망을 제공한다.

002 별을 꿈꾸다

손일락 지음 | 276쪽

저자는 '전쟁터'라 불리는 연예계에 막내아들을 아이돌 가수로 데뷔시킨 장본인으로서 청소년들이 자신만의 꿈과 목표를 세우고 그것을 이루기 위해 어떻게 노력해야 하는지 단계별로 안내한다. 성공을 꿈꾼다면 냉철한 이성으로 자신의 내면을 들여다보고, 자신의 능력과 적성을 진지하게 평가해야 한다고 조언하면서!

003 세상을 바라보는 나만의 눈, 다큐멘터리

김희철 지음 | 316쪽

다큐멘터리 감독은 현실을 깊이 관찰하여 자신만의 목소리로 가공하고 작품화하는 사람이다. 저자는 심각한 주제의식이나 시시콜콜한 이야기도 다큐멘터리의 소재가 될 수 있지만, 가장 중요한 것은 감독이 그 이야기를 통해 관객에게 어떤 메시지를 전달할 것인가 하는 점이라고 강조한다.

004 웹소설 작가 되기; 마음을 낚는 이야기꾼

양효진·정연주 지음 | 244쪽

이 책은 글쓰기, 연재하기, 작가로 활동하기에 대한 기본적인 이해와 프로세스를 설명함과 동시에 어떻게 하면 자신에게 맞는 글감을 찾아내고, 독자의 흥미를 끌어 낼 수 있는 작품을 쓰며, 참신한 이야기로 인기를 얻을 수 있는지 소개한다.

005 패션 디자이너 되기; 스타일에 날개를 달아주는

문미영 지음 | 248쪽

패션 디자이너라는 직업은 많은 사람이 생각하는 것처럼 '멋있기만 한 직업'이 아니다. 전문적인 공부도 해야 하고, 훈련도 열심히 받아야 하고, 발품도 많이 팔아야 하고, 무엇보다 끊임없이 노력해야 한다. 이 책은 옷을 좋아하고 패션에 관심이 많은 사람들을 위한 것이다.

006 성우 되기; 목소리로 연기하는 배우

황보현 지음 | 208쪽

명예나 돈보다는 정말로 하고 싶어서 도전하는 직업 성우는 우리말을 정확하게 표현하는 전문가이자 시각 장애인들을 비롯한 방송 소외계층에 도움을 주는 사회적인 역할과 책임을 지는 자랑스러운 직업이다. 이 책은 성우를 꿈꾸는 독자들에게 최소한의 판단 기준을 제공하는 실용적인 성우 지침서다.

007 라디오 피디; 주파수에 꿈을 담는 이야기꾼

이덕우 지음 | 243쪽

라디오는 이제 보이는 라디오, 인터넷 라디오 앱, 팟캐스트 등으로 무한 변신하며 다양한 모습으로 우리의 일상을 잠식하는 중이다. 이 책은 라디오 피디로서의 경험은 물론 미디어 산업의 전망까지 친절하게 짚어주는 안내서이다.

008 메이크업 아티스트; 캐릭터를 디자인하는 개성 연출자

이나경 지음 | 340쪽

과거에는 메이크업 아티스트라고 하면 '화장 잘하는 사람'이라는 인식이 지배적이었지만 최근엔 엔터테인먼트와 뷰티 분야를 아우르는 전문 직업군으로 떠오르고 있다. 실제 현장에서 어떤 일이 일어나는지, 메이크업 아티스트가 되는 길과 업계에서 살아남아 전문가로 성장하려면 어떤 자질을 갖춰야 하는지 조언하는 책.

009 가든 디자이너; 삶의 풍경을 설계하다

강혜주 지음 | 264쪽

저자는 오늘도 현장에서 강렬한 햇살과 싸우며 의뢰인의 로망을 구현하는 도면 설계는 물론 정원의 식재(植栽) 같은 디테일 하나도 놓치지 않는 가든 디자이너다. 우리나라의 정원은 물론 세계의 정원이 어떻게 발전해왔는지, 현재의 모습은 어떠한지, 현장의 작업은 어떻게 이루어지는지 등을 아우르는 실용서.

010 나는 신문기자입니다; 사실을 캐고 진실을 쓰는

임지선 지음 | 208쪽

이 책은 중학생 시절부터 기자가 되기를 꿈꾸었고, 학생기자를 거쳐 마침내 '진짜 기자'가 되어 '한 문장의 힘'을 발휘하기까지 오직 한 길만을 보고 달려온 15년차 기자가 청소년들을 위해 쓴 것으로, 직업으로서의 기자 세계를 탐색할 수 있는 친절한 안내서다.

011 항공 승무원; 지구촌 하늘 여행의 멋진 동반자

정진화 · 이자영 지음 | 184쪽

항공 승무원은 어떤 일을 하는지, 어떻게 하면 항공 승무원이 될 수 있는지 A부터 Z까지 솔직하게 들려주는 가이드. 승무원들이 사용하는 전문 용어, 각종 이니셜의 의미, 탑승객들의 상태를 식별하는 법, 취업에 필요한 이력서와 자격 요건 갖추기 등 꼭 알아야 할 개념과 정보들을 충실하게 설명했다.

012 나의 직업 방송 작가; 글 대신 말을 쓴다

임선경 지음 | 272쪽

막내 작가부터 시작하여 메인 작가로 출사표를 던지기까지 전 과정과 실무를 다룬 친절하고 자세한 방송 작가 입문서! 소설가와 방송 작가는 어떻게 다른지, 입봉은 어떻게 하는지, 방송 대본은 어떻게 쓰는지, 방속 작가들의 수입은 어떤지 등등 실용적이고 구체적인 정보들을 소개한 지침서.

013 산악전문가; 대자연을 누비는 산악인 되기

김성기 · 박미숙 지음 | 328쪽

정식 클라이머 선수로 등록하려면 어떻게 준비해야 하는지, 클라이밍으로 대학에 진학하는 게 가능한지, 산악 관련 업종에는 어떤 것들이 있는지 등의 알찬 정보는 물론 없는 길을 만들어낸 등반가들, 자신과의 싸움이 극대화된 스포츠클라이머들의 이야기를 통해 감동과 전율까지 덤으로 얻을 수 있다.

014 항공기 조종사; 창공의 별, 조종사 진로 지침서

박지청 지음 | 336쪽

이 책에는 조종사의 전망, 기종별로 달라지는 조종사의 임무, 군 및 민항공사 조종사의 인터뷰를 통한 조종사의 실제 삶, 조종사가 될 수 있는 방법, 조종사가 되기 위한 여러 가지 노하우 및 조종사 훈련 과정 합격 비결, 궁금증을 해소할 수 있는 Q&A, 조종사에게 요구되는 덕목과 자질 등이 고루 담겨 있다. 조종사의 꿈을 현실로 만들기 위해 준비하는 모든 사람들에게 이 책은 분명 정확하고 믿음직한 나침반이 될 것이다.

015 프로그래머; 4차산업혁명을 선도하는 엔지니어

공대규 지음 | 352쪽

이 책은 프로그래밍언어, 코딩교육, 등 프로그래머를 향한 과정뿐만 아니라, 소프트웨어 회사의 종류와 사업형태, 프로그래머에게 유망한 분야 등을 함께 소개함으로써 프로그래머를 지망하는 이들에게 현실적인 잣대를 제공한다. 프로그래머를 꿈꾸는 청소년, 취업준비생, 신입 프로그래머들 모두에게 이 책은 큰 도움이 될 것이다.

허기영 지음 | 192쪽

청년 의사인 저자가 '의사가 만들어지는 과정'이 어떠한지를 솔직하게 전달하기 위해 쓴 책이다. 의대 생활부터 인턴, 레지던트, 전문의가 되기까지의 성장 과정을 빠짐없이 묘사하고, 전문 의료인으로 성장하는 동안 맞닥뜨리게 되는 현실적인 고뇌를 구체적으로 그렸다. '의사 되기'는 물론 의사가 된 이후의 삶, 의료 체계의 현실까지 짚어주는 이 책을 통해 이 시대의 의사란 과연 어떤 의미를 지니는지 통찰할 수 있을 것이다.